Marliese Fuhrmann

Zeit der Brennessel

Geschichte einer Kindheit

Fischer Taschenbuch Verlag

Ungekürzte Ausgabe
Veröffentlicht im Fischer Taschenbuch Verlag GmbH,
Frankfurt am Main, Februar 1986

Lizenzausgabe mit freundlicher Genehmigung
der Pfälzischen Verlagsanstalt GmbH, Landau/Pfalz

Herausgeber und Lektorat der Originalausgabe:
Günter Krall, Karl-Friedrich Geißler
Umschlaggestaltung: Susanne Berner
Gesamtherstellung: Clausen & Bosse, Leck
Printed in Germany
680-ISBN-3-596-23777-7

Für Bärbel und Robert

1

Stand sie am Fenster und schaute hinaus oder lief sie im Zimmer auf und ab? Saß sie auf einem Stuhl und wartete auf mich? Auf jeden Fall muß sie aufgeregt gewesen sein damals im Sommer 34, denn ich war ihr erster Enkel. Um vier Uhr nachmittags, gerade noch rechtzeitig für ein Arbeiterkind, um den Feierabend nicht zu verpatzen, zog mich die Hebamme ans Tageslicht des schwülen Julifreitags. Bevor mein Vater aus dem Betrieb nach Hause kam, wo er von diesem Tag an für drei das Geld zusammenkloppen mußte, lag ich gewaschen und gewickelt, aber nicht schlafend neben meiner Mutter, Gott sei Dank ein Mädchen, stellte die alte Frau erleichtert fest, die mich als erste in den Arm genommen hatte. Es war meine Großmutter mütterlicherseits. Obwohl sich alle, einschließlich meiner Mutter, einen Sohn gewünscht und erhofft hatten, war sie als einzige froh darüber, daß es nun doch anders gekommen war. Von Mädchen hat man wenigstens was; das bedeutete, daß sie sich nach all der Windelwascherei, der Flaschen- und Breikocherei und der umfangreichen Erziehungsprozedur ein weiteres aktives Mitglied in der Reihe der Frauen ihrer weit zurückreichenden Tradition versprach.

An Väter dachte sie nicht, wenn sie neugeborene Kinder sah. Nur Mütter waren wichtig für sie; das Gebären und das Weitergeben, das Leben wurde sichtbar. Das schmatzende Saugen an der vollen Brust, der milchtropfende Mund des Säuglings, der im Schlaf noch die Saugbewegungen wiederholt, bedeutete für sie Fruchtbarkeit, Nahrung im Leib der Frau. Das Leben der Frauen hatte einen Sinn. Die Väter, in ihren Augen unzuverlässige Mannsbilder, waren ein notwendiges Übel, verschwitzte, brutale, trinkende und manchmal sogar zuschlagende Ungeheuer; sie haßte alles Männliche.

Großmutter stammte aus einer Frauenfamilie, sie hatte noch sechs Schwestern. Drei davon waren zur Zeit meiner Geburt schon gestorben, die anderen standen noch tatkräftig im Leben.

Sie war eine kleine, gebückt gehende Frau. Alles an ihr war rund, ihr Körper, ihr Gesicht, ihre Arme. Die dunklen, bodenlangen Röcke bauschten sich über ihrem gewölbten Leib. Ihre schwarzen Haare trug sie glatt anliegend, mit Mittelscheitel, in einem flachen Knoten am Hinterkopf zusammengedreht. Nur ihre Nase war lang und spitz, ein wenig gekrümmt nach unten gebogen. Ihre gutmütigen braunen Augen widersprachen ihrem ernsten Gesichtausdruck mit den aufeinandergepreßten schmalen Lippen.
Großmutter lachte selten, nur manchmal kam ein schadenfrohes Gekicher aus ihrer trockenen Kehle. Ab und zu kniff sie die Augen zusammen, dann verzerrte ein verbitterter Ausdruck ihr faltiges Gesicht.
Die Leute sagten, daß sie ihre Herkunft nicht verleugnen könne; aber in der Pfalz gibt es viele dieser romanischen dunklen Typen. Man findet sie in beinahe allen Städten und Dörfern, besonders dort, wo sich im 16. Jahrhundert Hugenotten und Wallonen angesiedelt hatten.
Ihr Vater, mein Urgroßvater, war Ackerer auf einem Stück Land, das seinen Vorfahren vom Pfalzgrafen Johann Casimir im Jahre 1579 geschenkt worden war. Sie waren als vertriebene Glaubensflüchtlinge hier angekommen und hatten nach einem Platz gesucht, auf dem sie sich wieder seßhaft machen konnten. Da die Gebäude des Zisterzienserklosters Otterberg und die dazugehörigen landwirtschaftlichen Höfe leerstanden und die Äcker brachlagen, durften sie sich dort niederlassen.
Urgroßvater Daniel war zusammen mit seiner Frau Sophie bemüht, einen Sohn zu zeugen, das erkennt man an der stattlichen Zahl seiner Töchter. Als ihm dies jedoch nicht gelang, übertrug er alle Rechte, aber auch alle Pflichten und die eigene Tradition auf seine Töchter. Die älteste wurde Bauer, sie lernte den Pflug zu führen, die Äcker zu bestellen, zu säen, zu mähen und zu ernten. Die zweite versorgte den Stall und das Vieh, sie fütterte, mistete aus, molk die Kühe und tränkte die Kälber. Die dritte Tochter war zuständig für den Garten und die Wiesen mit den Obstbäumen, die nächste für den Haushalt, die Kleidung und das Essen. So wuchsen die Frauen in ihr jeweiliges Arbeitsgebiet hinein, es gab wenig Anlaß zum Streit unter den Schwestern über die Zuständigkeit, und jede

konnte für sich frei entscheiden. Die Mahlzeiten nahmen sie gemeinsam in der großen Stube des Bauernhauses ein.

Es war eine Selbstverständlichkeit, daß die Familie sonntags den Gottesdienst in der Abteikirche besuchte; schließlich war der Zusammenhalt in der Gemeinde durch den Glauben begründet. Die Nachkommen der ausgewanderten Hugenotten waren Protestanten aus Überzeugung und standen zu ihrem Bekenntnis. Protestantismus hatte für sie etwas mit Politik zu tun; ihr Glaube war nicht nur ein Lippenbekenntnis, er bedeutete für sie, sich selbst einzubringen und dafür einzustehen, auch wenn das mit persönlichen Nachteilen verbunden war.

Meine Großmutter war die dritte in der Reihe der Töchter, und als die älteste Schwester heiratete und einen Mann auf den väterlichen Hof brachte, war für Großmutter kein Platz mehr. Sie packte ihr Bündel, verabschiedete sich von zu Hause und machte sich selbständig. Sie ging in Stellung, wie das zu der damaligen Zeit üblich war. Noch vor der Jahrhundertwende verdingte sie sich auf dem Martinimarkt in der Kreisstadt. Sie suchte sich eine andere Herrschaft, falls es ihr bei der alten nicht mehr gefiel oder ihr Dienstherr es mit ihr nicht mehr aushielt.

Sie erzählte mir von ihren Herrschaften, bei denen sie nur den Dienstboteneingang benutzen durfte, und von den Madamen, denen sie beim Einkaufen den Korb tragen mußte. Die Herrin suchte auf dem Markt die Fleischstücke, das Gemüse und das Obst aus, beroch es, betastete es und legte es schließlich in den Korb.

Großmutter lernte die Männer kennen, die ihr beim Servieren auf den Hintern tätschelten, die heimlich bei Nacht in ihre Kammer kommen wollten, kam hinter die Schliche der sogenannten feinen Leute, sah, wie sie sich gegenseitig hintergingen und belogen. Dabei kam sie in der ganzen Pfalz herum, sah die reichen Weindörfer an der Haardt und die großen Bauernhöfe auf der Sickinger Höhe, diente im Rheinhessischen, gab aber auch dort bald wieder auf, weil die Frau des Hauses zwei Sorten Kuchen buk, einen ordentlich mit Äpfeln belegten für die Herrschaft und einen wenig appetitlichen, auf den die Äpfel samt Schale und Kernhaus mit dem Reibeisen gerieben wurden, für die Bediensteten.

Aber sie hatte sich vorgenommen, das zu tun, was viele aus ihrem Stand auch tun mußten; vielleicht wußte sie nicht weiter. Mit der Zeit kam sie mehr und mehr hinter die Gewohnheiten ihrer Arbeitgeber, wurde gewiefter im Umgang mit ihnen und durchschaute sie rechtzeitig.
Sie hatte kräftige Bauernhände, die zupacken konnten und sich vor keiner Arbeit fürchteten. Jede Woche richtete sie in der großen, hölzernen Teigmulde Kornmehl und Sauerteig zum Brotbacken her, knetete, walkte, schlug den Teig, bis sich Blasen zeigten, ließ ihn in der Wärme des Ofens gehen, zerteilte ihn, formte die einzelnen Laibe und buk das Brot für eine Woche. Der Duft des frischen Brotes zog durch das Bauernhaus, und der Geschmack trug ihr Lob ein. Langsam begriff sie und zog aus der Kochkunst ihren persönlichen Vorteil. Köchinnen hatten unter dem Dienstpersonal die höchste, bestbezahlte Stellung inne und wurden, wenn sie sich anstrengten, am meisten gelobt.
Sie verbrachte ihr Leben hinter riesigen Herden, beugte sich über Ofenplatten und stand vor heißen Backöfen. Sie putzte Körbe voller Gemüse, schälte eimerweise Kartoffeln und setzte alles in mächtigen Töpfen auf. Sie erhitzte Fett in großen Pfannen, legte das Fleisch hinein, daß es zischte und spritzte. An Weihnachten schichtete sie pfundweise das Gebäck und bereitete für große Gesellschaften das Menue vor. Sie begoß das Geflügel, baute kunstvolle Pasteten in die Tafelmitte, spickte Braten und richtete sie anschließend so an, daß auch die Augen der verwöhnten, anspruchsvollen Tischgäste auf ihre Kosten kamen.
Sie schuftete, daß ihr die Beine schmerzten; ihre Wirbelsäule verschob sich – keiner kümmerte sich drum –, und sie ärgerte sich schon im voraus, daß von ihrer ganzen Arbeit nichts übrigblieb – nichts übrigbleiben sollte: im Gegenteil, je mehr davon gegessen wurde, um so größer war die Anerkennung für die Köchin.
Alle Rezepte, die sie für ganz bestimmte Gericht brauchte, die Mengenangaben für eine große Gästezahl bei festlichen Anlässen, stellte sie sich selbst zusammen, schrieb sie in ihrer spitzen, altdeutschen Schrift, die mir heute soviel Mühe beim Entziffern bereitet, in ein dickes liniertes Kochbuch.
Als Köchin im Kurhaus Johanniskreuz erfand sie spezielle

Gerichte und gab ihnen passende Namen. Da ist zum Beispiel auf stockfleckigem Papier zu lesen:
›Johanniskreuzer Pudding für 10 Personen‹, ›Johanniskreuzer Torte, gibt zweimal gemacht, 3 schöne Torten‹.
Sie berechnete die Kosten eines jeden Rezeptes auf den Pfennig. ›Pfälzer Ohren, 30–40 Personen‹, kosten alles zusammen 1,30 Mark.

¼ Schoppen Rahm	10 Pfennig
7 Eier	56 Pfennig
60 gr. Zucker	5 Pfennig
½ Kaffeelöffel Salz	1 Pfennig
775 gr. Mehl	30 Pfennig
Vanillezucker	8 Pfennig
	1,30 Mark

Von dem allem schafft man einen Teig fest aus, bis er glatt und geschmeidig ist, worauf er in 3 Teile geteilt wird und diese zugedeckt ½ Stunde ruhen müssen. Dann rollt man jeden Teil so dünn als möglich aus und sticht runde Kügelchen daraus, zieht jedes nochmals fast durchsichtig aus, backt sie schwimmend goldgelb und bestreut sie mit Vanillezucker.
Großmutter kochte in Kurhäusern und bekannten Hotels. Bald war die so selbstsicher, daß sie drüben über dem Rhein in einem großen Haus selbständig die Hauswirtschaft leiten konnte, Abrechnungen machte, Hilfskräfte beschäftigte, einstellte und entließ.
Später, als sie mir einmal eine Fotografie aus dieser Zeit zeigte, wunderte ich mich, wie jung sie darauf aussah. Ihr Kleid, das sie auf dem steifen Kartonbild trägt, ist glatt geschnitten und seitlich geknöpft, wie eine preußische Uniform. Auf der Fotografie macht sie einen fremden, aber überaus fortschrittlichen Eindruck auf mich, und ihr selbstbewußter Blick ist nicht zu übersehen.
Sie war jedoch überaus schwierig und eigenwillig. Soweit mich meine Erinnerungen zurücktragen, höre ich ihr Geschimpfe und ihr Gebrewel. Sie war verschlossen, hielt Gespräche mit Freundinnen für überflüssig und redete auch selten mit Verwandten über Dinge, die sie bedrückten.

Obwohl sie niemand Rechenschaft schuldig war, trug sie bis ins hohe Alter jeden Pfennig ihrer Ausgaben in ein Buch ein.
Ihre Schwester erzählte einmal, daß sie einen Dickkopf habe und immer mit dem Kopf durch die Wand wolle. Ihr Haß und ihre Verachtung aber galt den Männern. In dem Augenblick, wo sie sich allein und unbeobachtet glaubte, fing sie an mit sich selbst zu reden; zog über die unzuverlässigen Mannsbilder her, die Taugenichtse, die Halodris, knerwelte vor sich hin, drohte den Tunichtguten, den Faulenzern, die zu nichts taugen und unserem Herrgott die Zeit stehlen. Einmal lauter, dann wieder leiser werdend, ihre Stimmte ebbte ab, hob dann wieder von neuem an und polterte auf Pfälzisch weiter. Schimpfen wurde immer mehr zur Gewohnheit, dabei spuckte sie vor Zorn und Ekel aus. Sie fand jeden Tag einen Anlaß, die Schleusen zu öffnen; ihr Unterkiefer war ständig in Bewegung. Sie kämpfte andauernd gegen den Übeltäter Mann, stieß Verwünschungen aus und ging fluchend durch den Tag.
Sie war niemals demütig oder untertänig, das kam ihr überhaupt nicht in den Sinn. Sie war eine Bauerntochter und dachte nicht daran, die Knie zu beugen. An manchen Tagen, wenn sie mit meiner Mutter eine Auseinandersetzung hatte und sich so halsstarrig verhielt, überkam mich schon als Kind das Gefühl, als wolle sie sich hinter dieser Haltung verstekken; vor allem, wenn sie sich nicht mehr anders zu helfen wußte, als mürrisch und brummend hinter ihrer Wohnungstür zu verschwinden.
Nur mir gegenüber war sie anders, aber auch nur dann, wenn wir beide allein waren. Sie nahm mich als ihr Kind mit in ihre Wohnung, den Vorbehalt unter dem Dach; sie zog mich in ihre Höhle und bewachte mich, ich gehörte ihr. Mein Drahtgitterbett stand in ihrer Schlafstube, sie übernahm freiwillig meine Pflege. Je älter ich wurde, um so mehr schenkte Großmutter mir, ohne daß jemand davon wußte oder ich die Dinge in Besitz nahm. Sie vermachte mir ihre handgeschriebenen Kochbücher mit der Auflage, daß ich mindestens so gut kochen lernen müsse wie sie. Sie zeigte mir ihre kunstvollen Handarbeitsspitzen, ihre Kunststrickdecken und erweckte in mir die Lust, stricken und häkeln zu lernen. Sie überging

meine Mutter und versprach mir ihr hausgemachtes Leinenzeug, wenn ich groß wäre, ohne jedoch zu ahnen, daß wir es einmal verlieren könnten. Großmutter liebte das alte Zinngeschirr mit den Namensgravuren und den Jahreszahlen, das auf ihrem Regal stand, und erzählte mir Geschichten dazu, wer davon schon gegessen hatte, und meine Phantasie wurde geweckt. Weißt du, wenn du in der Schule tüchtig lernen wirst, werde ich dich einen schönen Beruf lernen lassen, versprach sie mir, vergaß aber, daß ihr Geld schon einmal bei einer Entwertung verfallen war und sich dies wiederholen könnte.

Großmutter unterhielt sich mit mir wie mit einer erwachsenen Person, obwohl ich noch nicht zur Schule ging, und sie scheute sich nicht davor, meine Mutter in einem schlechten Licht erscheinen zu lassen. Sie betrachtete mich als ihre Nachfolgerin, darüber ließ sie mich niemals im Zweifel. Sie konnte nicht erwarten, mich erwachsen zu sehen, und wurde nicht müde, mich zu unterrichten.

Es mangelte mir an nichts, meine Großmutter sorgte für mich, sie fütterte mich, sie lobte und sie streichelte mich. Obwohl sie das Heben schwerer Lasten sehr anstrengte, biß sie die Zähne zusammen und hob mich in mein Kinderbett. Sie bewunderte mein erstes Lächeln, meinen ersten Zahn.

Großmutter hatte mir ihren Vornamen gegeben, Elisabeth, den Namen, der in der Bibel steht, den Königinnen tragen; sie erzählte es mir, es war ihr wichtig.

Sie nahm mich auf ihren Schoß: Troß, troß, trille, de Bauer hat e Fille.

Du mußt jetzt singen lernen: Kommt ein Vogel geflogen ..., Ein Männlein steht im Walde ...

Sie spielte mit mir die Fingerspiele: Das ist der Daumen, der schüttelt die Pflaumen ...

Sie nähte mir Lumpenpuppen aus Stoffresten zum Schmusen und bewachte meine Spiele bei Tag und Nacht. Sie gab mir ein Blatt und einen Stift, komm, jetzt malen wir ein Haus, einen Sauhund.

Wurde ich unruhig und wachte nachts auf, durfte ich in ihrem breiten Bett weiterschlafen. Ich kuschelte mich an sie, ich wärmte mich an ihrem Leib, wir bauten uns eine Höhle und verkrochen uns. Sie faltete die Hände und sagte, wir beten jetzt; ich legte meine Hände ineinander und betete.

Auf ihrem Nachttisch stand eine Kerze. Jeden Abend stellte sie ein Glas mit frischem, klarem Wasser daneben. Sie ließ ihren dünnen Zopf herunter, setzte sich auf die Bettkante, ließ ihren Oberkörper langsam nach rückwärts gleiten, zog die steifen Beine nach, brachte ächzend ihren schweren Körper in die richtige Lage, lag lange wach, rieb die Füße auf dem Bettuch, bis sie warm geworden waren. Dann schliefen wir. Nachts erwachte sie, setzte sich auf, zündete die Kerze an und trank von dem kalten Wasser. Jedes Jahr im Herbst, wenn die Dreschmaschine auf dem Hof ihrer Schwester das Getreide gedroschen hatte, ließ sie sich ihren Sprausack mit frischer Haferspreu füllen.
Morgens, wenn es hell wurde, stand Großmutter vor dem Bett und zog ihre Kleider an. Da war ein grobes Leinenhemd, in dem sie auch geschlafen hatte, es ging beinahe bis zu den Knöcheln. Beim Schlafen trug sie eine Bettjacke darüber. Am Tag kamen zuerst zwei schwarze Serge-Unterröcke, die gingen von der Taille bis zum Boden und wurden mit dünnen, langen Bändern um den Leib herum festgebunden. Dann schlüpfte sie in eine Bluse, weit und vorn geknöpft. Darüber kam der Überrock und darüber noch eine Halbschürze aus blauweiß gestreiftem Kattun. Sie trug schwarze, handgestrickte Wollstrümpfe, die mit einem Gummiband rings um das Bein gehalten wurden.
Sie konnte sich schlecht bücken, die ganze Anziehprozedur ging langsam voran. Oft half sie mit ihrem Gehstock nach, wenn sie nicht in die Hausschuhe kam.
Dann ging sie hinaus in die Küche, nahm den Schürhaken, zog die Ringe von dem kleinen, eisernen Herd, daß es schepperte, rüttelte die Asche durch den Rost und entfachte mit Papier, Tannenzapfen und Kienspänen ein Feuer. Es roch nach Harz, und es knackte, wenn das Feuer das Holz anbrannte, es knisterte und brummelte gemütlich. Sie drehte den Hahn auf, ließ Wasser in einen Topf laufen und setzte ihn auf die Herdplatte.
Ich lag solange noch in der warmen Kuhle des Bettes und döste vor mich hin. Ich wartete, bis es in der Küche ein bißchen wärmer geworden war. Wir wuschen uns jeden Tag in einer Waschschüssel im Wasserstein. Darüber hing ein alter, geschliffener Spiegel in einem breiten, braunen Rahmen;

rechts davon, an zwei Haken, ein weißes, kratziges Leinenhandtuch für das Gesicht und ein dunkles für die Hände. Meine Großmutter machte ihren Zopf auf, kämmte ihn aus, flocht ihn erneut, nahm ein paar Haare, die im Kamm hängengeblieben waren, zu einer Strähne zusammen und band den dünnen Zopf damit zu. Dann drehte sie ihn zu einem kleinen Nest am Hinterkopf zusammen, steckte ihn mit Haarnadeln fest. Zum Schluß setzte sie ihre Metallbrille mit den runden, geteilten Gläsern auf die Nase.

Nur sonntagmorgens, da schloß sie die Tür zwischen der Stube und der Küche ab, da durfte selbst ich nicht dabei sein. Sie nahm die Holzbrenke, schüttete heißes Wasser hinein, nahm Soda und Kernseife und wusch sich von Kopf bis Fuß, auch die Haare; danach zog sie frische Kleider an. Die Hemden, die Unterhosen, die harten Bettücher, die groben Handtücher waren sämtlich aus selbstgesponnenem und handgewebtem Leinen genäht. Am Rand waren mit zierlichen, roten Kreuzstichen die Anfangsbuchstaben ihres Namens eingestickt. Die Sachen stammten alle aus ihrer Aussteuer.

Ein Schritt vom Fußende ihres Bettes entfernt stand der eichene Kleiderschrank mit den zwei gegeneinander gedrehten Holzschnecken am Kopfteil. Jahrein, jahraus blieb die Schranktür verschlossen; den Schlüssel dazu hatte Großmutter an ihrem Schlüsselbund am Schürzenband befestigt. Öffnete sie einmal die Tür, füllte der Geruch von Mottenkugeln die Schlafstube. Im Schrank hingen die dunklen Kleider eng aneinandergedrückt, da lagen verbeulte Ledertaschen, zerschlissene Samtbeutel, der schwarze Beerdigungshut wartete auf seinen Einsatz, die wollenen Dreieckstücher waren an ihren heraushängenden Fransen zu erkennen. Unten im Schrank stand ein Holzkästchen, etwa so groß wie zwei längs nebeneinandergestellte Schuhschachteln. Es war abgeschlossen, weil sich Großmutters ›geheime Papiere‹ darin befanden. Was sie genau darunter verstand, konnte ich niemals herausfinden. Ich erfuhr es auch später nicht; als Großmutter tot war, der Schrank geöffnet und das Sterbekleid herausgenommen wurde, stand das Kästchen offen und leer. Sie hatte vor ihrem Tod alles verbrannt, was in ihrem Leben Wichtiges auf Papier geschrieben und aufgehoben worden war. Niemand weiß, was es mit dem Inhalt des Kästchens auf sich hatte.

Rechts vom Fenster stand das Bett mit dem hohen Nachttisch, links davon hatte die Wäschekommode mit der Marmorplatte und dem Waschlavoir ihren Platz. Mein weißes Kinderbett stand an der gegenüberliegenden Seite. Das Gitter vorn war meist hochgestellt.
Eines Tages kam meine Mutter die Treppe herauf. Es war an einem Spätnachmittag, ich lag schon im Bett. Sie stand davor und sah auf mich herab. Ich begann zu zittern, ich zitterte am ganzen Körper, die Arme, die Beine. Meine Mutter holte Großmutter herbei und schaute auf mich, schau, das Kind hat Schüttelfrost, es wird krank sein. Großmutter beruhigte sie jedoch und versicherte ihr, daß ich kerngesund sei. Erleichtert atmete sie auf. Danach fragte mich meine Mutter: Kannst du schon turnen, Handstand machen oder Purzelbaum? Da strampelte ich die Decke weg und führte ihr vor, was ich alles zu bieten hatte. Ich machte einen Handstand, bei dem ich nur ein Bein in die Höhe streckte, einen Purzelbaum in dem kleinen Bett. Bei jeder Übung meinte Mama, da wird sich der Adolf Hitler aber freuen.
Meinen Vater sah ich nur selten. Einmal verbrachte er das Weihnachtsfest mit uns. Wir befanden uns auf dem Heimweg von seinen Leuten zurück zu unserem Häuschen. Da zeigte er mir mit der Hand hoch oben am Himmel die vielen Sterne. Ich sah sie zum ersten Mal und freute mich über das Geglitzer; je länger ich hinaufsah, je mehr Goldklümpchen sah ich strahlen. Mein Vater hatte mich auf seine Schultern gesetzt, meine Beine hingen rechts und links von seinem Kopf herunter. Er sagte zu mir, ich solle mich an seinen Haaren festhalten. Er hatte ganz dichte, helle Haare; sie waren warm und rochen nach Körper und Wind. Es gefiel mir gut bei ihm. Er sagte, wir spielen jetzt Pferd und Reiter, ich bin das Pferd und du der Reiter. Er sprang durch die Pfützen und hüpfte übermütig, dabei hielt er mich mit seinen Händen an den Füßen fest.
Selten einmal erfuhr ich etwas von ihm oder über seine Arbeit. Nur manchmal erzählte er mir, daß er weit weg Geld verdienen müsse. Er berichtete von hohen Eisenbrücken, auf denen er stehe und nicht schwindelig werden dürfe. Er redete über den Zeppelin und vom Bodensee, er nannte die Donau, Plattling, Deggendorf und er sagte, daß er schon im Rhein geschwommen sei.

Kam er nach Hause, hatte er große Koffer dabei. Jeder Koffer hatte einen Namen, der Überseekoffer, der Schrankkoffer, der Blonde. Mir kamen seine Koffer wie riesige Schatztruhen vor. Wenn er sie öffnete, entstieg ihnen der Geruch nach Lederzeug, gefetteten Schuhen, Tabak und Rasierseife. Die Koffer waren viel größer als ich, und ich setzte mich hinein und spielte. Meine Mutter konnte die Koffer, wenn sie wieder gepackt waren, nicht vom Boden hochheben.
Soweit ich mich zurückerinnern kann, trug Vater eine flache, schwarze Stoffmütze, vorn mit einem schmalen Schild, einem gemusterten Ripsband und einer gedrehten Kordel drumherum. Diese Mütze, so sagte er mir, sei eine Arbeitermütze, und er sei sehr stolz darauf, sie zu tragen, auch wenn sie Mama nicht gefalle. Erst viel später, als er seinen Beruf nicht mehr ausüben konnte, trennte er sich von den Mützen und trug einen Hut.
Solange ich ein Kind war, nannte ich meine Mutter Mama.
Sie hatte ein nagelneues Fahrrad bekommen, es glänzte und funkelte; sie liebte es sehr und putzte und polierte es häufig. Im Sommer fuhr sie damit in die Stadt, machte Einkäufe und erledigte wichtige Angelegenheiten auf den Ämtern. Über Winter stellte sie es zu Großmutter und mir in die Schlafstube. Wenn nachts die Kerze brannte, blinkten Lenkstange, Klingel und Pedale und der Rückstrahler leuchtete.
Die Ehe meiner Eltern, an deren Zustandekommen ich wahrscheinlich mitgeholfen hatte, wurde von mir nicht weiter gestört. Sie konnten sich ungehindert an die Verwirklichung ihres Wunsches nach einem Sohn machen. Schließlich ließ der große braune Mann mit dem schwarzen Schnurrbart und dem akkurat gescheitelten Haar, dessen Bild meine Mutter mit einigen Hammerschlägen über mein Kinderbett gehängt hatte, niemand in Zweifel darüber, Söhne waren nötiger denn je.
Meine Mutter war ständig in Bewegung; zu jener Zeit hatte sie Zimmer vermietet, gab Kost und Logis. Selten einmal bekam ich sie zu sehen, bald war sie einkaufen, bald machte sie Kaffee oder kochte Mittagessen. Ich hörte es nur an den Geräuschen, wenn die Betten geschüttelt wurden, das Geschirr klapperte, das Fleisch im heißen Fett zischte, die Bürste über die Fußbodenbretter des Hausgangs schrubbte. Ab und zu hörte ich sie bei der Hausarbeit singen.

Großmutter stützte sich, schon als ich geboren wurde, beim Gehen mit der rechten Hand auf einen Stock. Sie hatte ein Hüftgelenkleiden und wurde immer steifer. Am Morgen konnte sie sich nicht aufrichten, hatte den Kopf zur Erde geneigt, jammerte über ihr Kreuz und ächzte bei jeder Bewegung. Sie tat mir leid. Das komme von den vielen kalten Herbergen, sagte sie zu mir. Wollte sie mich tragen, solange ich klein war und nicht laufen konnte, nahm sie mich unter den linken Arm, vorn schauten der Kopf und hinten die Beine heraus. So kochte sie mit mir; zappelte ich zu sehr, dann warnte sie mich, daß sie mich fallen lassen müsse, wenn ich keine Ruhe gäbe.

Zehn Minuten zu Fuß von unserem Haus lag ein Kiefernwäldchen. Sobald ich ein paar Schritte laufen konnte, machten wir beide uns auf den Weg dorthin. Sie nahm mich an der Hand und führte mich behutsam. Wir gingen ein Stück unter den Ahorn- und Roßkastanienbäumen der Allee, vorbei an den Ebereschen und Robinien, die am Waldrand standen, betrachteten die Maulbeerbäume, die in einer Anlage angepflanzt worden waren, und kamen in den Wald. Die Luft war voll vom Geruch der harzigen Rinde, der vertrockneten Kiefernnadeln und der sonnengewärmten Erde. Die Vögel lärmten in den Wipfeln, wir sahen den hohlen Baum, in dem der Buntspecht seine Höhle hatte. Im Frühjahr sammelten wir für den Tee, den wir im Winter tranken. Wir suchten Brombeerblätter, Himbeerblätter, kleine Heidelbeerstöcke, Blätter von Walderdbeeren. Großmutter besaß Teehorden, auf denen die Blätter im Schatten zum Trocknen ausgebreitet wurden. Der Tee schmeckte so köstlich, einen besseren habe ich nie mehr getrunken.

Als wir wieder einmal sammelten, kam eine junge Frau vorbei in einem schwarzen Rock, einer weißen Bluse und einem Tuch um den Hals, das mit einem Lederknoten zusammengehalten wurde. Sie rief meiner Großmutter zu, daß es verboten sei, die Blätter der Waldpflanzen abzureißen wegen der Ernährung des Deutschen Volkes. Aber meine Großmutter störte sich nicht daran.

Die wilden Brombeerranken hakten sich in meinem Kleid fest und zogen einzelne Fäden heraus. Bei den Brennesseln sagte mir Großmutter, diesen Monat brennen sie nicht. Ich griff

vorsichtig mit zwei Fingern ein Blatt an und wurde prompt genesselt. Sie lachte, nahm eine Schere aus der Tasche, schnitt die frühen Brennesseln ab und kochte sie zusammen mit Melden zu einem wohlschmeckenden Frühjahrsgemüse.
Wermutblätter brauchten wir gegen Magenkrämpfe, Johanniskraut war wichtig bei entzündeten Fingern und Beinen, Thymian verwendeten wir in der Küche. Im Herbst sammelten wir Hagebutten, schnitten sie auf, füllten sie in eine Korbflasche und setzten mit Zucker und Wasser einen Wein an. Falläpfel schälte Großmutter, schnitt sie in Ringe und trocknete sie auf einer Schnur. Die gedörrten Pflaumen hängte sie in einem Leinensäckchen auf.
Auf ihrem Kiefernholzküchenschrank standen in den Regalen schnörkelig beschriftete Porzellanbehälter mit Rosinen und Haselnüssen. In unbeobachteten Minuten kletterte ich hinauf und naschte davon. Daneben standen mit bunten Pfauen bemalte Blechdosen, gefüllt mit allerhand Papiertütchen. Im Frühjahr säte sie daraus ›Gretel im Kraut‹, ›Fleißig Lieschen‹, ›Gelbe Pfeile‹ und Stiefmütterchen. Sie legte gesprenkelte Bohnen in den Boden, sie hießen Blumenbohnen.
Und überhaupt der Garten! Sie pflegte ihn begeistert, wenn es ihr auch noch so schwerfiel. Es war der wunderbarste Garten, an den ich mich erinnere. Die Rosen hinter dem Haus waren meine Lieblingsblumen, ihr Duft zog mich an. Waren sie verblüht, sammelte ich die Blütenblätter, stopfte sie in ein Glas, goß Wasser dazu und wartete, daß Parfüm daraus würde. Die Samenkapseln des Klatschmohns nahm ich als Stempel und drückte sie in die Haut.
Riech mal an den Feuerlilien, forderte Großmutter mich auf. Hinterher lachte sie über meine gelbe Nasenspitze.
Im Sommer lebte ich im Garten und vom Garten. Bevor ich mich auf den Weg zur Schule machte, schüttelte ich den niedrigen Klarapfelbaum, sammelte die meist unreifen oder wurmigen Früchte auf, steckte sie in den Schulranzen, füllte alle Taschen damit, nahm zwei Äpfel in die Hand als Wegzehrung.
Das Spätjahr brachte die Strohblumen, die glänzend braunen Roßkastanien, die in der Allee aus ihren stachelig-grünen Hüllen platzten. Wir schüttelten am Feldrain die Haselnuß-

büsche, wagten uns zaghaft ein paar der blauen Schlehen aus ihrem dornigen Gestrüpp zu angeln, wenn der erste Reif über sie gegangen war.
Regelmäßig vergaß ich das Jahr über, wie der Schnee aussah, wie er sich anfühlte, wie kalt und wie naß er war.
Im Winter, es wurde früh dunkel, Großmutter machte kein Licht, sie erzählte mir Geschichten. Ich kannte schon jeden Stein auf dem steilen Pfad, der sich von dem abgelegenen Hof nach Otterberg hinunterwand, den Wassergraben, den sie jeden Tag zweimal überqueren mußte.
Warum wird es dunkel, Großmutter? Wo kommt der Schnee her, sag doch! Wie brennt das Feuer? Wo wohnen die Vögel im Winter, Großmutter?
Der Winterabend begann am Nachmittag.
Stell dir mal vor, wenn ich dir alles erklären könnte, dann bräuchtest du nicht mehr zur Schule zu gehen. Sie machte mich neugierig auf die Schule und erzählte mir aus ihrer eigenen Schulzeit.
Da kam noch der Schulrat aus der Kreisstadt mit der Kutsche angefahren. Er selbst überprüfte das Wissen eines jeden Schülers und teilte Lob und Tadel aus. Und keiner konnte sich vor der Prüfung drücken, niemand wußte im voraus, wann der Schulrat kommen würde. War er da, fragte er Mädchen und Buben der Reihe nach aus. Sie hatten alle die Prüfung in Erdkunde und Naturkunde glänzend bestanden, konnten auch die Gedichte vorzüglich aufsagen. Nur im Rechnen, da war sie, Großmutter, das Bauernkind, nicht zu schlagen. Der Schulrat bemerkte zum Lehrer der Klasse, was der Bauer rechnen kann, und das freute sie so sehr, daß sie mir die Geschichte mehrmals erzählte.
Als ich schon ein bißchen größer geworden war und die Dunkelheit die Augen von uns beiden versteckte, der Feuerschein des Herdes an die Decke fiel, so daß ich ihr Gesicht nicht mehr genau sehen konnte, da erzählte sie mir die Geschichte, wie ihre Schwester vor das Schwurgericht nach Zweibrücken mußte.
Sie hatte sich in den Sohn vom Nachbarhof verliebt und erwartete ein Kind von ihm. Er wollte sie auch heiraten, aber sein Vater verlangte von dem Vater des Mädchens eine bestimmte Wiese als Mitgift. Diese Wiese bekommt sie nicht,

entschied der Alte, die bleibt beim Hof; lieber kann sie das Kind allein großziehen. Und dabei blieb es. Die Bauerntochter gab nach der Geburt ihres Kindes den Namen des Vaters an; der jedoch bestritt, der Vater zu sein. So kam es zu einem Prozeß und die junge Frau mußte nach Zweibrücken, um vor dem Schwurgericht den Eid zu leisten. Im verdunkelten Gerichtssaal, bei brennenden Kerzen mußte sie vor Gott und den Menschen schwören, daß dieser Mann und kein anderer der Vater ihres Kindes sei. Für das Bauernmädchen war es unheimlich, zuerst mit dem Pferdefuhrwerk nach Zweibrükken zu fahren und dort vor den Geschworenen den Eid abzulegen. Bald nach der Rückkehr sei sie dann schwer krank und nie mehr richtig gesund geworden.

Die Schwindsucht, eine häufige Krankheit in der damaligen Zeit. Man ›holte‹ sich die Krankheit, war selbst aktiv daran beteiligt oder man ›ärgerte‹ sich die Schwindsucht an den Hals. Vom Anstecken war keine Rede, man war noch nicht darauf gekommen. Man hustete und spuckte ungeniert, wo man ging und stand, wunderte sich dann, wenn die heimtükkische Seuche in die Familie einschlich, und ehe man sich's versah, hatte man die Krankheit ›gefangen‹. Solange man jung war, ›holte‹ man sich den Tod. Du wirst dir den Tod holen. Die Auszehrung, wie man die Schwindsucht früher nannte, machte vor niemand halt, nistete sich bei arm und reich ein und war die am weitesten verbreitete Krankheit. Gegen die Tuberkulose war kein Kraut gewachsen, man wußte nicht, wie man ihrer Herr werden sollte.

2

In einer der ersten Januarnächte, achtzehn Monate nach meiner Geburt, als die Tage schon am Nachmittag aus Angst vor der Kälte in der Nacht frühzeitig erstarrten, machte sich Großmutter auf den Weg zum Nachbarn und bat ihn, mit seinem Kleinmotorrad die Hebamme aus der Stadt abzuholen. In unserem Haus waren die elektrischen Anschlüsse noch nicht verkabelt, es fehlten immer noch die Fensterläden, und durch die gardinenlosen Scheiben konnte man den Mond auf seiner Bahn um die Erde verfolgen. Die Hebamme auf dem

Rücksitz des klapprigen Gefährts bekam es mit der Angst zu tun, als die Stadt längst in ihrem Rücken lag und sie der Fahrer immer noch schnurstracks in östliche Richtung entführte.
Meine Mutter erwartete sie bereits dringend, die Wehen kamen in kurzen Abständen, die Petroleumlampen brannten, das Wasser stand dampfend auf dem Herd, Tücher und Windeln für das erwartete Kind lagen vorgewärmt auf dem Nachttisch.
Am Morgen gegen 6 Uhr war es soweit, der ersehnte Stammhalter, der das Selbstbewußtsein meiner Mutter stärkte, lag schreiend in der frischgestrichenen Familienwiege, der Waal. Das Wunschkind der damaligen Zeit konnte nur ein Sohn sein; ein Sohn, die Selbstbestätigung, der Stolz und die Erfüllung aller Normen.
An Papa wurde ein Telegramm aufgegeben: Hermännchen angekommen! Und das große Feiern begann, Kindtaufe und Schlachtfest wurden auf denselben Tag anberaumt. Leberwurst und Schlagsahne, Torte und Wellfleisch, alles was Küche und Keller hergaben, wurde aufgeboten, um dieses Ereignis zu begehen.
Ich stellte mich auf die Zehenspitzen, hielt mich mit beiden Händen an der Holzkante des Kinderbettchens fest und betrachtete meinen neu angekommenen Bruder, mit dem ich nun spielen wollte. Meine Mutter konzentrierte sich vollkommen auf das Neugeborene, zumal es klein und anfällig war. Ich wurde auf das Kind eifersüchtig, trank wieder aus der Flasche, begann Daumen zu lutschen, in die Hosen zu machen und wollte wieder ein Baby sein.
Geduldig erklärte mir Großmutter, daß ich doch schon ein großes Mädchen sei, daß ich auf das Brüderchen aufpassen und es versorgen müsse.
Es dauerte lange, bis ich es eingesehen und begriffen hatte, aber dann nahm ich es mit der Fürsorge wörtlich. Hinter dem Haus am Sandhaufen stülpte ich einen Sandkuchen neben den anderen auf das Brett; ich stopfte dem Kleinen den Sand in den Mund, bis er schrie, und erwartete von ihm, daß er mich als Mutter akzeptierte, er sollte auf mich hören. Als er laufen konnte und wir zusammen in den nächsten Krämerladen zum Einkaufen geschickt wurden, wollte ich das Geld verwalten, ich nahm ihn an der Hand. Kam einmal ein Auto vorbeigefah-

ren und er blieb nicht auf der Stelle stehen, warf ich ihn einfach zu Boden.
Hermännchen war häufig erkältet und überhaupt anfällig für alle Krankheiten. Nicht nur, daß er oft im Bett liegen mußte, Großmutter nahm in sogar auf den Schoß und wärmte ihm mit heißen Tüchern die Ohren auf.
Es gab Zeiten, da haßte ich meinen Bruder, ich fühlte mich ihm gegenüber zurückgesetzt. Ihm schenkte man die Spielsachen, die ich mir gewünscht hatte, das Schaukelpferd, den Roller und das Dreirad.
Mitten im Sommer, es war ein drückend schwüler Tag, ich war nur mit einer Badehose bekleidet und lief im Garten herum, schien sich ein Unheil anzukündigen. Mein Bruder lag mit hohem Fieber im Bett, Mutter saß davor und machte ihm mit Essigwasser Wadenwickel, damit das Fieber sinken sollte. Aber es half nichts, das Fieber stieg ständig, der Arzt wurde schnell herbeigerufen, das Kind bekam Krämpfe, wurde blau im Gesicht, das ganze Haus hielt den Atem an.
Wieder benachrichtigte man Vater, diesmal mit einem Eiltelegramm: Komm sofort, Hermann schwer erkrankt!
Mein Vater eilte trotz der Gluthitze quer durch Deutschland und hatte nur noch Augen und Ohren für ihn. Mich hatten sie in der Zwischenzeit vollkommen vergessen; seit dem Morgen saß ich vor dem Haus, seitlich vom Eingang auf den steinernen Stufen der Treppe, niemand bemerkte oder vermißte mich. Erst am Abend erinnerte sich Großmutter an mich.
Was dachte das zweieinhalbjährige Mädchen, als es einen Tag lang unbeobachtet auf den Treppenstufen vor dem Haus saß?
Erinnerungen hervorzuholen ist leicht, aber sie sind vage und ungenau. Sie verwischen und fließen ineinander. Ich kann nicht mehr genau sagen, welchen Teil davon ich selbst erlebt und gedacht habe, wieviel ich unbewußt übernommen habe und was davon in mich hineinerzählt worden ist. Welcher Teil gehört mir ganz allein, wo hat mich mein Gedächtnis im Stich gelassen? Sind die Kulissen nicht verschoben worden und die Ergebnisse verfälscht?
Fragen über Fragen tauchen auf, die mir die Distanz zu meiner Erinnerung erst deutlich machen. Ich will versuchen die Antwort zu finden, sie aufzuspüren, um mir endlich Klarheit zu verschaffen über mich.

Ich habe schließlich nur das weitergetragen, was sie mir aufgeladen haben. Je länger ich darüber nachgrübele, um so mehr begreife ich, daß man die Erzählungen aus der Vergangenheit und eigene Erinnerungen nicht voneinander trennen kann. Sie haben sich unlösbar miteinander verbunden. Es gibt sie nur noch in der Verschmelzung. Wie Sandkörner rieselten sie ineinander, suchten sich immer den kürzesten Weg von oben nach unten. Wir gehören alle der Erde.

Ich war das Großmutterkind, ich gehörte nicht zu ihnen. Mein Bruder schlief im Schlafzimmer meiner Eltern. Nur manchmal, wenn sie ausgegangen waren, kam er die Treppe herauf zu uns und wollte auch bei Großmutter im Bett schlafen. Aber dagegen wehrte ich mich, es kam fast jedesmal zum Streit. Schließlich entschied Großmutter, das Bett sei groß genug, und wir dürften beide bei ihr schlafen, der eine vor ihr am Bauch, der andere hinter ihr am Rücken. Ich durfte als erste wählen, wo ich schlafen wollte.
Auf Dauer wollte ich den Platz bei Großmutter nicht teilen, da hatte mein Bruder nun wirklich nichts zu suchen. In späteren Jahren, als Großmutter schon lang gestorben und ich erwachsen war, fiel meiner Mutter auf, daß ich viele Eigenschaften übernommen hatte. Du bist deine zweite Großmutter, war eine ihrer ständigen Redensarten. Das Bild meiner Mutter in den frühen Kinderjahren wirkte blaß gegenüber dem meiner Großmutter.

Beeindruckt durch die Atmosphäre des nationalsozialistischen Fortschritts und die große Begeisterung, die das Arbeitsbeschaffungsprogramm des Herrn Hitler bei einem Teil der Bevölkerung hervorgerufen hatte, neigte meine Mutter immer mehr dazu, in diesem Strom mitzuschwimmen. Da wurde die vierspurige Autobahn um die Stadt geführt und die Ausstellungshallen errichtet. Etwas oberhalb unseres neu gestalteten Wohnviertels mit den vielen Siedlungshäusern entstanden zwei Kasernen, zwei weitere waren geplant.
Besonders aber die Autobahn, ein bis dahin unbekanntes Straßensystem, machte meine Mutter neugierig. Sie erzählte zu Hause, überzeugt von dem großen Fortschritt, wie herrlich es sein werde, mit dem Auto die neue Straße zu befahren

und von dort oben aus die Stadt zu betrachten. Als der Streckenabschnitt für den Verkehr freigegeben wurde, konnte sie es so einrichten, daß sie einer ihrer Bekannten im Auto auf die ersehnte Rundfahrt mitnahm.
Kurz zuvor erklärte meine Mutter, daß mein Bruder diesen Ausflug mitmachen solle, das sei ein absolut wichtiges Ereignis im Leben eines jeden Jungen. Sie hatte aber dabei übersehen, daß ich solche Argumente nicht gelten ließ. Für mich war dieses Unternehmen genauso wichtig. Außerdem war ich älter und verstand entschieden mehr von der Sache. Ich protestierte, trampelte, schrie, wälzte mich auf dem Boden, gab keine Ruhe, bis sie schließlich einsah, daß sie mich anstelle meines Bruders mitzunehmen hatte.
Sie hielt mich für ein bockiges, bösartiges Kind, das immer seinen Dickkopf durchsetzen wollte. Häufig durchbrach ich die Verbote, versuchte mich mit allen mir zur Verfügung stehenden Mitteln in die richtige Rangfolge zu bringen. Ich wollte nicht übersehen werden oder hinter meinem jüngeren Bruder zurückstehen, nur weil ich ein Mädchen war.
Sie setzten mich auf dem Kinderkarussell auf ein Schwein, meinen Bruder jedoch in ein Auto. Während der Rundfahrt stieg ich ab, weil ich es ungerecht fand, daß ich auf dem langweiligen Schwein sitzen sollte. Um ein Unglück zu verhindern, stoppten sie schnell die Reitschule.
Ich zog meinen Bruder an den Haaren, biß und kratzte ihn, sobald ich merkte, daß sie ihn bevorzugten und mich ins zweite Glied zurückversetzen wollten.

3

Mein Vater, ihre anderen Kinder, die angeheirateten Schwiegertöchter und -söhne, die Enkel nannten sie Mutter. So sagte auch ich zur Mutter meines Vaters ›Mutter‹, und weil sie auf dem Stahlwerk wohnte, hieß sie zur Unterscheidung Stahlwerksmutter.
Sie war eine kleine, dünne Frau mit braunen Augen und dunklem, gewelltem Haar. Um ihren Hals trug sie stets ein schmales Samtband, damit man den kleinen Kropf, der sich seitlich zwischen Hals und Schulterbein gebildet hatte, nicht

sehen sollte. Mutter kleidete sich sehr sorgfältig, hatte an den meisten Kleidern einen weißen Kragen und trug ein Jabot aus Georgette, das mit einer winzigen Nadel vorn am Halsausschnitt angesteckt wurde. Ohne das Hütchen mit dem Schleier ging sie nicht aus dem Haus. Ihre schmalen, langen, von heißer Waschbrühe ausgelaugten Hände waren von einer Pergamenthaut überzogen, man sah die Adern durchscheinen. Ihre Gesichtshaut war faltig wie die eines schrumpligen Apfels, nur über den hervorstehenden Wangenknochen spannte sich die Haut glatt. Als sie über achtzig Jahre alt geworden, starb, hatte sie einen Kopf wie ein Vögelchen.
In ihrer großen Familie führte sie das Regiment. Über ihren Mann, den ›Vatter‹, beklagte sie sich, daß er ihr nicht folge. Kam es zu einer ernsthaften Auseinandersetzung mit ihrem Ehemann, warf sie ihm vor, daß sie ja nur sieben, er jedoch acht Kinder in die Welt gesetzt habe. Damit deutete sie einen nie verziehenen Fehltritt an.
Ihren fünf Söhnen und zwei Töchtern, sämtlichen Schwiegertöchtern und -söhnen flößte sie Respekt ein, sie war die Urmutter, die die Familie zusammenhielt. Sie versorgte ihre Kinder, als sie schon längst eigene Familien gegründet hatten, gab ihnen Zuversicht und Vertrauen. Frisch gestärkt verließen sie die erwachsenen Söhne, ihr Vorrat an Selbstvertrauen war wieder aufgefüllt.
Mutter und Vatter hatten sehr früh geheiratet. Sie war gerade 19 Jahre alt und er mit 20 Unteroffizier beim 23. Bayrischen Infanterieregiment geworden, als ihr erstes Kind unterwegs war.
Sie stammte aus einer ortsansässigen Holzschuhmacherfamilie, die selbst kinderreich war und trotzdem noch elternlose Pflegekinder aufgenommen hatte. Eines dieser Pflegekinder war Jacob, der spätere Ehemann meiner Großmutter. Seine Mutter war im Kindbett gestorben, und sein Vater, ein Steinbrecher, war bei einer Sprengung im Steinbruch tödlich verunglückt. So setzte man den elternlosen Buben zu dem kleinen Sannchen einfach in die Wiege. ›Vatter‹ war seit seiner Militärzeit vor der Jahrhundertwende Werkzeugmacher im Eisenwerk. Er hatte einen festen Posten und galt als harter Ausbilder. Alle seine Söhne mußten zu ihm in die Lehre gehen.

Nach außen hin war er der Patriarch und keiner durfte aufbegehren. Das Ehepaar bewohnte eine Werkswohnung seit es verheiratet war und bepflanzte einen riesigen Garten, der dazu gehörte. Im Haushalt lebte auch noch die Großmutter meines Vaters bis zu ihrem Tod.
Sannchen war an hartes Arbeiten von frühauf gewöhnt worden. Waschen, Putzen und Kochen für eine vielköpfige Familie machten ihr nichts aus. Ich binde mir noch eine Hand auf den Rücken und schaffe alle anderen in den Dreck, sagte sie häufig zu ihren Schwiegertöchtern, wenn sie sich wegen der Hausarbeit bei ihr beklagen wollten. Trotz ihrer sieben Kinder, die in kurzen Abständen hintereinander geboren worden waren, ging sie noch stundenweise in einen Villenhaushalt arbeiten. Sie berichtete mir später, daß sie dort die Schlafstube aufzuräumen hatte, die Betten frisch beziehen, die Verhütungsgummis auswaschen und über einen Stab zum Trocknen aufspannen mußte. Das war noch vor dem Ersten Weltkrieg, und das Thema Kinderkriegen beschäftigte die Mutter von sieben Kindern sehr. Die Herrschaftsleute, bei denen Sannchen im Tagelohn arbeitete, besaßen eine Fabrik; sie gingen regelmäßig auf Reisen, sahen sich in der Welt um und brachten die Verhütungsmittel aus Paris mit. In Sannchens Augen waren diese Dinge jedoch ungesund und verwerflich, ja sogar eine Sünde. Man mußte Nachwuchs hinnehmen wie er kam, das war von unserem Herrgott so gewollt.
Mutter war eine fromme, gottesfürchtige Frau, sie las viel in der Bibel und trat aus Überzeugung in den zwanziger Jahren den Zeugen Jehovas bei. Sie konnte ganze Textpassagen des Alten Testaments und viele Psalmen auswendig, sie zitierte die Weissagungen der Propheten und glaubte fest daran, daß sie einmal zu den Auserwählten gehören würde, die wiedergeboren werden.
Von den Nazis wurde ihr das goldene Mutterkreuz verliehen; sie trug es niemals, ließ es in dem Kästchen, in dem man es ihr überreicht hatte, und sprach nicht mehr darüber. Ihre Kinder hatte sie streng erzogen, sie mußten mithelfen, die größeren die kleineren füttern und betreuen. Die Buben versorgten den Küchenherd mit Brennmaterial und verrichteten die Gartenarbeit. Alle, auch die Töchter mußten einen voll-

wertigen Beruf erlernen. Ihr Wahlspruch bei der Kindererziehung lautete: Je strenger die Rute, je lieber das Kind.
1919, als die Franzosen ihre Rechte als Besatzungsmacht ausübten, stand einer ihrer Söhne, damals elf Jahre alt, auf der zwei Meter hohen Umfassungsmauer des Kasernenhofs und schaute den Reiterübungen zu. Ein Pferd bäumte sich auf, sprang in Richtung Mauer, wo der Junge stand. Er fiel vor Schreck rückwärts herunter, schlug mit dem Kopf auf und starb, als man ihn heimbrachte, ohne noch einmal das Bewußtsein wiedererlangt zu haben.
Meine Großeltern bewohnten ihre Werkswohnung auf dem Stahlwerk bis zum Zweiten Weltkrieg. Es war eine Reihe gleicher Häuser mit steilen Holztreppen, die von außen in den ersten Stock hinaufführten. Unten, vor der Eingangstür waren scharfkantige, aufrecht stehende Schuhabstreifer festgemacht. Mein Vater fiel als Kind diese gefährliche Treppe hinab und schlug mit dem Kopf auf das Eisen. Er trug eine schwere Kopfverletzung davon, die ihm zeit seines Lebens zu schaffen machte.
Die Räume der Arbeiterwohnung waren düster und hoch. Ich hatte als Kind das Gefühl, als werde es nie richtig hell darin. Zum Teil lag das an den dunklen Möbeln, aber auch an den breiten, braungestrichenen Fußbodendielen. Im Schlafzimmer hing zwischen zwei Fenstern ein mannshoher Spiegel an der Wand; sobald ich das Zimmer durch die Tür gegenüber betrat, kam ich mir selbst entgegen. Der mächtige hölzerne Abort befand sich vor der Wohnung in halber Höhe auf dem Gang. Ich fürchtete mich als Kind davor, in das schwarze, stinkende Loch zu stürzen.
Wenn ich mit Mama zusammen die Großeltern besuchte, sagte sie, hier riecht es nach armen Leuten. Es roch nach Kochwäsche, die in der Küche gewaschen wurde, nach gegartem Gemüse, nach Malzkaffee und nach Abort. Der Geruch verlor sich nicht; jeden Tag wurden aufs neue große Mengen Gemüse gekocht und häufig Wäsche gewaschen. Vor jedem Hauseingang konnte man, wenn man außen vorüber ging, riechen, was gerade an der Reihe war. Du wirst noch draufkommen, es riecht nach Armut, beharrte sie unerschütterlich, und ihre Nasenflügel bebten.
Mein Großvater hatte sich einen Schnurrbart nach Kaiserart

stehen lassen, sein rötliches Haar war zu einer Bürste geschnitten. Er stand mit Ausnahme seiner Militärzeit sein ganzes Leben auf seinen kurzen Beinen vor dem Schmiedefeuer und hämmerte Werkzeuge für Schlosser, Schmiede und Brükkenbauer zurecht. Seine Arbeitszeit begann früh um 6 Uhr und dauerte bis abends 18 Uhr, an sechs Wochentagen, Urlaub gab es keinen. Am ausgeprägtesten war sein Pflichtgefühl. Er setzte seinen Stolz hinein, sich Dinge zu versagen, an denen ihm besonders viel lag. Er war niemals arbeitslos, auch in den schlimmen Krisenjahren 1928/29 behielt ihn seine Firma.

Die wenige freie Zeit verbrachte er im Wald, schlug dort das Holz für den Winterbrand und genoß die Freiheit. Viele Singvögel kannte er an ihrem Gesang, den Formen ihrer Nester und den Farben der Eier. Im Sommer sammelte er Pilze, Heidelbeeren und Himbeeren und schlief auch ab und zu im Wald. Dabei ist jener Fehltritt mit dem achten Kind passiert.

Eine junge Frau gab an, daß er der Vater ihres unehelichen Kindes sei und er bestritt es nicht. Selbst Vater von sechs eigenen Kindern, wurde er auf Betreiben seiner Ehefrau von seiner Firma bestraft und ins nachbarliche Frankreich abgeschoben, wo die Firma einen Zweigbetrieb unterhielt.

Das außereheliche Kind war jedoch nicht lebensfähig, es starb nach einem Jahr, und der Bestrafte durfte wieder zu seiner Familie zurückkehren. Bald danach, so erzählte mir seine Ehefrau, spürte sie, daß sie wieder schwanger war. Für sie war es eine unwahrscheinliche Schande vor allen Leuten, von solch einem Mann noch mal ein Kind zu bekommen. Sie schämte sich sehr und wollte am liebsten in den Erdboden versinken. Aus diesem Kind wurde später, als es erwachsen war, mein Vater.

4

Die große Verwandtschaft meiner Mutter wohnte im Dorf oder auf abgelegenen Bauernhöfen. Zur Kerwe, die überall im Spätsommer gefeiert wird, wurden wir regelmäßig eingeladen.

Meistens besuchten wir aber nur die jüngste Schwester meiner Großmutter, Anna, oder deren Tochter, die in einer Mühle wohnte. Zu Anna sagte ich, weil sie auch am Stock ging, ein sonnengebräuntes Gesicht voller Runzeln hatte und meiner Großmutter sehr ähnlich sah, ebenfalls Großmutter. Sie war mit einem Bauern verheiratet gewesen und nun verwitwet. Auf ihrem Hof sah ich viele Dinge, die es bei uns zu Hause nicht gab. Ich ging mit in den Stall zu den Kühen, ich sah, wie sie gefüttert, gemistet und gestriegelt wurden. Beim Melken band Anna der einen Kuh den Schwanz am Bein fest, weil sie damit unruhig hin- und herschlug. Anna setzte sich dann auf einen niedrigen, dreibeinigen Schemel, legte ihren Kopf seitlich an den runden Bauch der Kuh, nahm jeweils zwei Striche am Euter der Kuh in die Hände und zog daran die Milch heraus in den Melkeimer. Danach wurde die Milch durch ein Sieb in die Milchkanne gegossen und in den mit frischem Wasser gefüllten Brunnentrog zum Abkühlen gestellt. Den Schaum der Milch, der beim Melken entstanden war und in dem Filter hängenblieb, schüttete sie den Katzen in eine flache Schüssel, damit sie ein seidiges Fell bekämen. Zum Sattwerden mußten die Katzen Mäuse fangen. Anna erklärte mir, wie ich die Kälber tränken müsse: sie gab mir einen kleineren Eimer mit frischgemolkener Milch, zeigte mir, wie man die Finger in die Milch hineinlegt, damit das Kälbchen glaubt, es wären die Striche vom Kuheuter und daran saugt.
Ich liebte den Stallgeruch, den Duft von frisch gestreutem Stroh, vom Heu, das von der Tenne durch die viereckige Öffnung herab in den Stall geworfen wurde, den kräftigen Kleegeruch, wenn der Knecht das Grünfutter in die Futterraufen gabelte und hielt mich bis zur letzten Minute, bevor das Licht gelöscht wurde, im Stall auf.
Ich lernte die Plätze kennen, an denen die Hühner ihre Gelege versteckten. Tagsüber sollte ich aufpassen, wo die Hühner gackerten, dort mußte ich abends nachsuchen. Überall, in der Scheune, im Heu in der Futterkrippe der Pferde, auch im Holzschuppen fand ich Nester mit Eiern. Manchmal saß noch eine Henne auf den Gelegen, ich fürchtete mich, sie zu verjagen, weil sie dann erschrocken gackernd davonflog, und ich hatte Angst, sie würde sich auf meinen Kopf setzen. Ne-

ster ausheben war eine spannende Arbeit, aber weil ich so klein war, kam ich nicht überall hin, die Eier blieben liegen, wurden bebrütet, und eines Tages marschierte die Glucke mit den Küken über den Hof.
Am liebsten aber saß ich auf dem Wagen, direkt hinter den Pferden, wo ich genau die Bewegung der Tiere beobachten konnte; sah, wenn sie den Schwanz hoben und den Mist fallen ließen, sah, wie sie die Füße auf dem holprigen Boden aufsetzten, wie sich die Halsmuskeln spannten, wenn sie den Wagen anzogen.
Wir fuhren auf den Kartoffelacker; das Pferd, das den Wagen gezogen hatte, wurde vor den Pflug gespannt, stapfte in der Furche, nickte mit dem Kopf bei jedem Schritt, warf den Kopf hoch, schüttelte ab und zu die Mähne. Der Pflug schnitt die angehäufelten Erdreihen auf und warf die hellen Kartoffeln auf den Boden. Frauen mit großen Körben liefen hinterher und sammelten die Knollen auf. Zuerst half ich mit, die Kartoffeln aufzulesen; bald aber wurde ich müde, legte mich auf die leeren Säcke und schlief ein. Ich wachte auf, döste vor mich hin, vernahm das Klirren des Pferdegeschirrs, das dumpfe Stampfen erschütterte den Erdboden, wenn das Gespann in die Nähe kam. Ich sah es auf mich zukommen, umwenden und sich wieder entfernen. Der Acker zog sich in der Mitte eine leichte Anhöhe hinauf, das Pferd lief in diese Richtung, ich verfolgte es mit den Augen, es verschwand geradewegs im Himmel.
Ich lief durch die Furchen, den arbeitenden Frauen hinterher, stolperte, fiel hin, kehrte enttäuscht um, wartete auf sie bei den Säcken und dem Vesperkorb. Der Nachmittag dehnte sich. Die Frauen schritten in schweren Schuhen breitbeinig über die Erdbrocken, bückten sich, daß man nur noch die untere Körperhälfte sah, warfen die Kartoffeln in weitem Bogen in die Körbe, wuchteten sie weiter, trugen sie zu den Säkken und füllten die Kartoffeln um. Manchmal richteten sie sich auf, stützten sich mit einer Hand im Kreuz ab, fuhren mit den erdigen Händen über die Stirn und stöhnten, sprachen ein paar Worte miteinander, und schon ging es wieder weiter.
In der Pause saßen wir in der Runde, tranken den faden Malzkaffee, schnitten Brot vom Laib, bestrichen es mit Pflaumen-

mus. Der Wind blies die Sandkörner aufs Marmeladebrot und in die Tassen, es knirschte zwischen den Zähnen.
Anna arbeitete mit fremden Leuten. Ihr Sohn war beim Militär. Der alte Bauer konnte gar nicht alt werden, er hatte in den Kriegsjahren 1914/18 am Tunnel der Eisenbahnlinie Metz–Koblenz Wache schieben müssen und stand bei Tag und Nacht vor der zugigen Tunneleinfahrt. Wieder zurückgekehrt, führte er sein Pferdefuhrwerk bei Wind und Frost über die auf der Höhe gelegenen Äcker, wenig bekleidet, ohne Unterwäsche, nur die blanke Hose auf dem Leib. Er starb zwischen den zwei Kriegen. Deswegen war Anna froh, wenn sie Hilfe aus der Stadt bekam, die den Haushalt führte, besonders im Sommer und im Herbst, wenn es im Garten viel zu ernten gab und Marmelade gekocht, Bohnen geschnippelt, Obst eingedünstet und Latwerge im Kessel gerührt werden mußte. Auch beim Schlachten half Großmutter, und wenn die Dreschmaschine im Herbst auf den kleinen Hof kam, arbeitete sogar meine Mutter mit.
Selbstverständlich ging ich immer mit aufs Land. Großmutter und ich fuhren zuerst eine Strecke mit dem Postauto und mußten dann noch eine halbe Stunde die Landstraße entlang wandern. Auf unserem Weg erzählte sie mir, daß der Napoleon die Straße habe bauen lassen, daß er Kaiser von Frankreich war und die alte Heerstraße deswegen Kaiserstraße heiße und von Paris in Frankreich bis nach Mainz führe. Sobald ich so groß war wie Großmutters Gehstock, stützte sie sich beim Gehen auf meine Schulter. Sie sagte mir, so gehe es viel leichter, und ich freute mich, daß ich so viel nützen konnte. Sie zeigte mir an den Chausseebäumen die großen Rabennester; sie wußte, in welchem Baum ein Hornissenschwarm verborgen war, und wir beeilten uns daran vorbeizukommen, weil bekanntlich sieben Stiche ein Pferd und drei Stiche ein Kind töten können. Ich fürchtete mich entsetzlich vor dem hohlen Baum. Die Bäume standen in regelmäßigem Abstand rechts und links der Straße, und ihre Kronen stießen oben ineinander. Wir gingen unter dem Blätterbaldachin und waren im Sommer vor der Sonne, im Herbst vor dem Regen geschützt.
An der Chausseeböschung wuchsen wilde Erdbeeren; waren sie reif, machten wir langsam und sammelten sie. Der Geruch

von blühendem Ginster und frischem Pferdemist wehte im Sommer über die Straße.
An den Hausecken machte Großmutter mich auf die verborgenen Bettlerzinken aufmerksam. Mit diesen Zeichen, die einer geheimen Verständigung der Gauner und Bettler untereinander dienten, deuteten die Hausierer an, welches ein gutes Haus ist, wer etwas spendete und welches Haus man besser mied.
Das alte Sandsteinhaus meiner Verwandten hatte weiße Sprossenfenster und vor der Haustür ein steinernes Treppenpodest, von dem rechts und links drei Stufen hinabführten. Das Dach war mit bunten Ziegeln gedeckt, es war das einzige Haus in dem kleinen Ort mit einem solch auffälligen Schmuck und ganz gleich, aus welcher Richtung man auf das Dorf zusteuerte, sah man das Dach schon von weitem leuchten. Innen waren alle Räume dunkel und niedrig. Außer der Küche und der Schlafstube wurden die meisten Zimmer nur ein- oder zweimal im Jahr benutzt. In der Kammer und in der großen Stube war es auch im Sommer kühl, so wurden Speisen und Essensreste darin aufbewahrt. Alle Zimmer waren durch einen blauweißgefliesten Gang voneinander getrennt und weit auseinander gelegen.
Brauchte man Holz für den Küchenherd, ging man durch den Hausflur zur Haustür hinaus, die Treppe hinunter, am Brunnen vorbei, ums Haus herum an die Holzlege. Das waren kleinere Besorgungen, die Kinder schon verrichten konnten. Sobald sie einigermaßen sicher auf den Beinen waren, wurden sie damit beschäftigt.
Nur das, was ich am liebsten getan hätte, mit der eisernen Pumpe Wasser heraufholen, konnte ich nicht. Soviel Mühe ich mir auch gab, den Schwengel hin- und herbewegte, sie spuckte keinen Tropfen Wasser aus. Aber ich stand begeistert dabei, wenn das Wasser mit kräftigen Schwüngen heraufgepumpt wurde; das gluckste und sog und platschte frisch aus dem eisernen Maul des armdicken Rohres in den Trog. Das Becken war aus Sandstein gehauen und hatte seitlich einen Abfluß. Oben lagen zwei Bretter quer, damit man die Wassereimer draufstellen konnte. Der Brunnenschacht war mit Dielen abgedeckt und mit Moos überwachsen.
Die Wäsche wurde im Brunnentrog ausgewaschen, die

Milchkannen und das Melkgeschirr darin gespült und auf die Holzbank am Haus zum Austrocknen umgestülpt.
Auch das Trinkwasser für das Vieh wurde mit dieser Pumpe aus der Tiefe geholt, und dabei ging man nicht sparsam mit dem Wasser um. Das schwappte beim Herbeitragen über den Eimerrand, und jede Kuh trank zwei Eimer leer. Sie bekam so viel, bis sie es stehenließ. Der Weg vom Brunnen zum Stall führte quer über den Hof, um die Mistkaut herum. Die Männer trugen einen Eimer auf jeder Seite, ihre Schultern wurden vom Gewicht schräg nach unten gezogen, sie liefen schnell, um ihre Last loszuwerden, hoben die Eimer nur wenig über den Erdboden und drückten beim Gehen die Knie nicht mehr durch.
Wenn es draußen dunkel wurde und die Arbeiten im Stall beendet waren, ging es in die Küche; das Feuer wurde angeschürt und warmes Essen gekocht. Entweder gab es Kartoffeln und Salat oder eine einfache Milchsuppe. Wurst oder Fleisch wurden in kleinen Portionen höchstens zum Mittagessen aufgetragen. Danach wurde Wasser heiß gemacht oder aus dem Schiff, einem rechteckigen Messingbehälter seitlich am Herd, entnommen und das Geschirr auf der Wasserbank gespült. Dazu standen zwei Zinkwannen auf einer niedrigen Bank, an der vorn ein Vorhang angebracht war; dort standen tagsüber die Wassereimer. Hatte man Durst, nahm man einen Schöpflöffel, die Boll, vom Löffelblech, tauchte ihn in den Eimer und trank so lange, bis der ganze Bauch voller Wasser gluckste.
In der Tischschublade lag der Bauernkalender. Das war ein wichtiges Buch für Anna und für mich. Zuerst blätterte ich darin nur nach den vielen Bildern. Später, als ich lesen konnte, las ich die Sprüche: Der eine betracht's, / der andre verlacht's. Was macht's? / und: Ein jeder kehr' vor seiner Tür. / Was gilt's, er hat genug dafür. / Oder ein Rätsel / Ich bin kein Doktor und kein Bader; / doch jedermann laß ich zur Ader. / Undank ist leider stets mein Lohn. / Mein Name ist: Hurtighupfdavon.
Dann entdeckte ich darin den Trächtigkeitskalender: Rosa gedeckt, Braune gekalbt, Falbe stierig. Da mußte ich viel darüber nachdenken, es ließ mir keine Ruhe.
Später einmal, ich war mit meiner Mutter unterwegs auf den

Markt, da fragte ich sie, sag mal, Mama, wo kommen denn die kleinen Kinder her?
Zuerst erzählte sie mir umständlich die Geschichte vom Zukker-vor-das-Fenster-legen und vom Storch, der den Frauen ins Bein beißt. Ich hörte eine lange Zeit still zu, sagte ihr dann aber, daß ich ihre Geschichte nicht glaube. Danach brachte sie ausführlich das Märchen vom Milchbrunnen, in dem die Babies umherschwimmen und darauf warten, daß sie herausgeholt werden. Aber ich sagte auch diesmal, nein, das stimmt nicht.
Und wie meinst du, daß die Kinder auf die Welt kommen, fragte mich meine Mutter schließlich.
Da suchte ich die vielen Mosaiksteine meines bäuerlichen Wissens zusammen. Einmal, im Frühjahr, schickte mich Anna nach dem Schmied, damit er der Stute die Hufeisen abnehme, weil ein Fohlen erwartet wurde. Am nächsten Morgen lag tatsächlich ein Füllen mit lockigem, feuchtem Fell neben dem Pferd im Stroh. Ein andermal erklärte mir Anna auf meine Frage, warum sie die Kuh mit dem besonders dikken Bauch nicht melke: Weißt du, die Kuh steht trocken, die gibt keine Milch mehr, weil sie in ein paar Tagen ein Kalb auf die Welt bringt.
Und deshalb erklärte ich jetzt meiner Mutter, daß jede Kuh ihr Kalb, jede Stute ihr Fohlen und jede Frau ihr Kind im Bauch hat und daß es, nach einer bestimmten Zeit, wenn es groß genug ist, dort heraus auf die Welt kommt. Es war das einfachste von der Welt für mich und ganz und gar selbstverständlich.
Warum nur wollte meine Mutter vor mir diese einfachen Dinge geheimhalten?
Wenn sich Anna und meine Großmutter unterhielten, sprachen sie pfälzischen Dialekt mit breiten Vokalen und vielen Zischlauten. Die klangvolle Sprache war zusätzlich noch mit vielen französischen Wörtern vermischt. Beide stammten zwar als direkte Nachkommen von französischen Familien ab, aber die Pfalz wurde so häufig von Frankreich aus mit Kriegsvolk überzogen, daß der französische Wortschatz sowieso nicht aussterben konnte. In der Küche hing das Etagé, über dem Herd die Boll, man trank aus dem Kumbche, den Parapluie benutzten ältere Leute gegen den Regen und um

sich darauf zu stützen. Viele französische Wörter waren in die Sprache aufgenommen worden; sie wurden gar nicht mehr als französische erkannt; man hielt sie fast immer für pfälzische Ausdrücke.
Wenn die Arbeit getan war, erzählte mir Anna die schönsten Geschichten, von denen sich zwar einige wiederholten, andere aber zeitgerecht ausgebaut und immer wieder verändert wurden. Sie stand mit Reineke, dem Fuchs auf du und du. Sie nannte ihn Vetter Fuchs. Er wiederum sprach sie nur in der dritten Person an. Vetter Fuchs war in ihren Erzählungen auch motorisiert, er besaß ein flottes Cabriolet und fuhr die schwer gehbehinderte Anna in die Kreisstadt zum Landratsamt und in den nächsten Ort zum Bürgermeister. Vetter Fuchs parkte seinen Wagen vor dem Ort in einem zugewachsenen Weg, damit die Leute nicht auf ihn aufmerksam wurden.
Ob nun Vetter Fuchsens Kinder krank lagen und Anna die Pfannkuchen für die Genesung liefern sollte oder ob der Rotfuchs schon am frühen Sonntagmorgen am Kirchweg stand und auf Anna wartete, alle Begegnungen schilderte sie vollendet, ausgeschmückt in langen Erzählungen, die sie alle selbst erfunden hatte. Es ärgert mich, daß ich in der Zwischenzeit viele davon vergessen habe.
Eines Tages, Anna kam in aller Frühe in den Hühnerstall, da sah sie gerade noch, wie Vetter Fuchs eine ihrer jüngsten Legehennen an der Gurgel packte und sich flugs damit aus dem Staube machen wollte. Sie rief ihm zu, Vetter Fuchs, warum nimmst du gerade meine fleißigste Henne mit? Nimm doch wenigstens eine alte, die keine Eier mehr legt und die ich doch bald schlachten muß!
Da antwortete der Fuchs: Ach Anna, mein jüngstes Töchterchen, das Rosselchen ist krank; es hat noch keine scharfen Zähne und kann ein zähes Huhn nicht beißen. Ihr werdet verstehen, daß es dieses junge Hühnchen sein muß!
Ein andermal, es war schon Kriegszeit und die Lebensmittelkarten wurden verteilt, mußten die Bauern bei der Viehzählung ganz genau die Kopfzahl aller Schlachttiere, der Enten, Gänse und Hühner in die Liste des Bürgermeisteramtes eintragen. Erneut brach der Fuchs in Annas Hühnerstall ein. Anna überraschte ihn wieder dabei, wie er mit dem Huhn auf

und davon schlich. Da rief sie ihm nach: Fuchs, laß mir doch wenigstens den Kopf da, damit ich es beim Amt abmelden kann.

Auf Annas Hof gab es auch einen gemauerten Backofen, mit Ziegeln gedeckt und vorn mit zwei eisernen Türen versehen. Er stand entfernt vom Haus und der Scheune, unten am Weiher. Jedes Jahr um die Zwetschgenzeit wurden dort wagenradgroße Kuchen gebacken. Der Ofen mußte frühzeitig mit Hecken angeheizt werden, dann wurde die Glut entfernt und die Kuchen in den heißen Ofen geschoben.

Oben auf dem Vertiko in Annas Stube standen alle möglichen Fotografien in abgeblaßtem Braun. Aus runden und rechteckigen Rahmen starrten Soldaten mit Pickelhauben und Schulanfänger mit großen Hüten, da grinsten steife Hochzeitspaare mit langen Schleppen und Zylindern, und Konfirmanden verharrten im strengen Schwarz. Daneben lag die Familienbibel. Sonntagnachmittags, wenn es in der Küche so still war, daß man das Klirren der Kuhketten aus dem Stall hören konnte, setzte Anna ihre Lesebrille auf, zog sich einen Stuhl ans Fenster und las die mit Lesezeichen gekennzeichneten Abschnitte. Mir erschien das alte Buch wichtig, weil sich Anna stundenlang darin vertiefte, ohne ein Wort mit mir zu reden. Manchmal nahm sie auch Strickzeug aus der Vertikoschublade und strickte aus schwarzer Wolle Strümpfe für sich oder Socken für den Sohn.

Im Sommer trugen die alten Frauen keine Strümpfe und keine Unterhosen, die vielen Röcke hielten warm. Beim Wasserlassen rafften sie einfach die Röcke, beugten sich ein wenig in den Knien nach vorn und konnten beinahe im Stehen ihr Geschäft verrichten. Ich bewunderte sie deswegen sehr.

Großmutter und Anna waren für mich keine Frauen, sondern einfach nur Großmütter; sie waren der Zufluchtsort meiner frühen Kindheit. Beide unterhielten sich freimütig über alle Themen miteinander, und sobald ich etwas davon nicht begriffen hatte, fragte ich, und sie gaben mir Auskunft. Die Omas in der Stadt hielten den Finger vor den geschlossenen Mund, wenn das heikle Thema Kinderkriegen beredet wurde und schickten ihre Enkel vor die Tür. Ich saß bei den alten Frauen und hörte stundenlang zu.

Als ich Ostern 1940 in die Schule kam, lernte ich meine erste Fremdsprache, Hochdeutsch. Ich begriff, daß es anstelle von Portemonnaie Geldbeutel heißt, daß man zum Trottoir Bürgersteig sagen muß und daß der westpfälzische Dialekt in der städtischen Volksschule Ludwigshafen nicht angebracht war.

5

Die Vierzig-Watt-Birne hing tief heruntergezogen über dem Küchentisch. ›Lichtmess, Spinnen vergess' und bei Tag zu Nacht gess!‹ Soweit war es noch nicht. Auf dem wachstuchbedeckten Tisch in der Mitte der Küche standen vier Teller. Klirren und Schaben von Besteck auf Porzellan, kauende Stille: beim Essen wird nicht gesprochen; den Kopf über den Teller gebeugt, schob jeder löffelweise seine Mahlzeit in den Mund. Großmutter, Mama, mein Bruder und ich saßen am Tisch, als plötzlich mein Vater in der Tür stand. Die Helligkeit nicht gewohnt, blinzelte er ins Licht; ein kalter Luftschwall zog hinter ihm zur Tür herein.
Mama stand auf, holte einen Teller und ein Besteck herbei und richtete auch für ihn einen Platz am Tisch. Vater ging zum Wasserstein, ließ kaltes Wasser in die zur Mulde geformten Hände laufen und klatschte es sich prustend ins Gesicht. Während er sich abtrocknete, lief er in der Küche auf und ab, rieb seine Hände am farbigen Handtuch trocken und begann dabei halblaut ein Lied vor sich hinzusummen. Er sang öfters, und ich fand, daß er eine schöne, feste Stimme hatte. Sobald er sang, wußte ich, daß er besonders gut aufgelegt und lustig war. Aber Mutter sagte zu ihm, du hast getrunken. Nun sang er ein Lied von Brüdern, Freiheit und Sonne und von Völkern, die die Signale hören sollen. Es war ein kämpferisches Lied, aber so, wie er es sang, hörte es sich nicht gefährlich an. Mutter bekam ganz runde erschrockene Augen, lief zur Tür, schaute, ob sie verschlossen war, flatterte von einem Fenster zum anderen, schloß schnell die Läden, zog die Vorhänge dicht zu.
Hör auf, hör auf damit! Sei ruhig, jammerte sie, wir kommen noch alle ins Gefängnis, sie bringen uns nach Dachau! Aber

Vater ließ sich nicht unterbrechen und stimmte die zweite Strophe des Liedes an. Hör' doch bitte den Kindern zuliebe auf, klagte sie. Ihre Stimme klang weinerlich und sie lamentierte in einem fort.

Ich verstand sie gar nicht, es war doch ein wunderschönes Lied, fast wie ein Wanderlied, und er kannte alle Worte davon. Großmutter sagte kein Wort, nahm ihren Gehstock, preßte die Lippen aufeinander, ging zur Küchentür hinaus und humpelte die Holztreppe hinauf ins Dachgeschoß.

Mein Vater war damals dreißig Jahre alt, fünf Jahre jünger als meine Mutter. Durch seine Arbeit im Freien waren seine wuscheligen blonden Haare von der Sonne ausgebleicht, seine rötliche Gesichtshaut mit Sommersprossen übersät und von geplatzten Äderchen durchzogen. Er war nicht sehr groß, breitschultrig, und sein Genick war wetterverbrannt. Er kam aus einer anderen Welt zu uns. Wir Kinder warteten, bis er in die Hände klatschte, dann fielen wir über ihn her, er fing uns auf, warf uns hoch in die Luft, fing uns wieder auf, trug einen nach dem anderen auf seinem Rücken durch die Wohnung, aber nur, wenn er guter Laune war.

Ging er auf Montage, zog er eine abgeschabte, dreiviertellange Joppe an und eine Englischlederhose, zumindest waren an seinen Kleidern Lederbesätze an den Ellenbogen, den Knien und am Gesäß aufgesetzt. Seine Schuhe hatten vorn Metallösen, wurden überkreuz geschnürt und waren dick eingefettet, die Sohlen mit Nägel beschlagen. Ich erkannte seinen klirrenden Schritt schon von weitem. Zum Arbeiten hatte er blaugestreifte Hemden an, vorn und hinten am Halsausschnitt waren Löcher am Börtchen eingeschnitten, wo man mit Kragenknöpfen einen steifen weißen Kragen festmachen konnte. Sein Bargeld trug er in einer Geldkatze um den Leib. Er hatte hellgraue Augen, nur wenn er jähzornig wurde, sah es so aus, als verfärbten sie sich. Seine Hände waren kräftig, breit und ausgeschafft; er konnte mich auf eine Hand setzen und hochheben.

Ich liebte meinen Vater besonders sonntags, wenn er uns manchmal in eine Gastwirtschaft mitnahm. Ich saß auf einem Stuhl, spielte mit den runden Bierfilzen; Vater baute für mich ein Haus, einen Turm daraus; ich blies so lange, bis das Kartenhaus in sich zusammenfiel. Er drehte die Pappunterlagen mit dem Daumen und Zeigefinger und ließ sie auf dem Tisch tanzen. Vater bestellte Limonade und Hausmacherwurst für uns, das gefiel mir gut, und ich weigerte mich bei späteren Besuchen, das Lokal zu verlassen, ohne Wurst und Brot gegessen zu haben.

In den drei Lehrjahren bei seinem strengen Vater hatte er ebenfalls Werkzeugmacher gelernt und seine Gesellenprüfung mit guten Noten bestanden. Seine Zeugnisse hob er sorgfältig auf, um uns seine guten Noten vorzuführen. Das Werk hatte ihn jedoch gleich nach der Abschlußprüfung entlassen. In der schweren Zeit 1925 konnten sie keine weiteren Werkzeugmacher brauchen. Erst als er sich verpflichtete, im In- und Ausland auf Montage zu gehen und Brücken zu bauen, stellten sie ihn wieder ein.

Eine rauhe, meist auch brutale Männerwelt nahm ihn auf; dort galt er erst als Mann, wenn er viel rauchte, viel trank und ordinäre Witze reißen konnte. Er durfte sich nicht widersetzen, mußte alle Streiche mitmachen, um nicht dem Spott der Kameraden ausgesetzt zu sein oder als Muttersöhnchen verschrien zu werden. Das Quartier, das gleichzeitig als Schlaf-, Eß- und Aufenthaltsraum am Abend und bei schlechtem Wetter diente, bestand meistens aus einer undichten Holzbaracke. Von sanitären Einrichtungen wurde nur gesprochen, installiert wurden keine. Die Brücken errichtete man außerhalb bewohnter Ortschaften, so daß sich eine andere Gesellschaft als die der rauhen Kumpels selten fand. So übernahm er die Trinkgewohnheiten, lernte die Brückenbauerwitze und wurde, nachdem er auf ein paar hintereinanderfolgenden Baustellen die Probe bestanden hatte, zu einem ›richtigen‹ Mann getrimmt.

Zunächst arbeitete er in Friedrichshafen am Bodensee beim Bau der Zeppelinwerft, dann montierte er Brücken über die Donau bei Regensburg und Passau; er half mit beim Bau der Rheinbrücke in Speyer und an der Autobahnbrücke über das Lautertal. Oft blieb mein Vater wochenlang von zu Hause fort; manchmal dauerte es Monate, wenn die Bahnfahrt der Firma zu weit oder zu teuer erschien. Er arbeitete stets im Akkord, samstags wurde bis abends um 6 Uhr geschafft.

Kam er hin und wieder nach Hause, berichtete er von den Abenteuern und Unglücksfällen wie ein alter Seefahrer. Er

sang die Brückenbauerlieder und führte uns Kunststücke vor oder wie man mit einer Hand einen schweren Stuhl an einem Bein hochhebt; er spannte seine Armmuskeln und ließ sie hüpfen. Wir schüttelten uns vor Lachen, wenn er uns von der Maus erzählte, die in der Kaffeekanne am Morgen schwamm, und glaubten, es sei eine erfundene Geschichte.
Seine Stimme klang für unsere Ohren viel zu kräftig und zu laut, mußte er doch tagein, tagaus über weite Entfernungen den anderen Brückenbauern zurufen, das Klopfen der schweren Hämmer, das Nieten, das Zischen der Schweißapparate übertönen. Nur ein Wunsch meines Vaters ging nicht in Erfüllung, er sah nicht das Meer, obwohl er sich das sehr wünschte. Dazu mußte er erst Soldat werden und nach Frankreich an die Kanalküste marschieren.
Er schrieb von dort auf seiner ersten Postkarte, daß er seine Finger ins Meerwasser getaucht und versucht habe, ob es auch tatsächlich salzig sei. Bei den Brückenbauern wurde mein Vater wegen seiner rötlichen Haarfarbe und seiner roten Gesichtshaut ›der Rote‹ genannt.

Im Frühjahr 1939 hatte er genug Brücken gebaut, das Draußenherumziehen und das Baubudenleben reichten ihm. Einer seiner Brüder hatte ein Geschäft gegründet und auf ihn eingeredet, doch zu ihm zu kommen und mit ihm zusammenzuarbeiten, einen neuen Betrieb aufzubauen. In der aufstrebenden Industriestadt Ludwigshafen am Rhein sollte er sich eine neue Existenz schaffen. Für uns, Mama, meinen Bruder und mich hieß das, daß wir umziehen sollten.
Zunächst einmal erfuhr ich nichts davon, nur ab und zu lief meine Mutter mit verweinten Augen durchs Haus, war einsilbig und gab keine Antwort auf meine Fragen. Plötzlich war es soweit, man hatte eine preiswerte Wohnung im fünften Stock eines Wohnblocks bei einer Baugesellschaft gefunden. Meine Mutter, die immer noch insgeheim gehofft hatte, Vater werde als Pendler jede Woche oder jeden Tag hin- und zurückfahren, fiel aus allen Wolken. Sie weinte Tag und Nacht und wollte nicht nach Ludwigshafen übersiedeln. Für mich stand fest, ich gehe nicht mit, ich bleibe bei Großmutter. Doch Vater entschied kurzerhand, da ich bald zur Schule

komme, müsse ich sowieso bei ihnen und nicht mehr bei Großmutter wohnen.

Wir packten unseren ganzen Hausrat in Kisten. Die Nachbarn kamen, brachten kleine Geschenke und verabschiedeten sich von uns. Was wir am liebsten mitgenommen hätten, den Garten, den Spielplatz hinter dem Haus, die Großmutter, den Vogelkäfig mit dem Kanarienvogel und das schöne Fahrrad meiner Mutter, dies alles mußten wir zurücklassen. Der Möbeltransporteur kam mit seinem Lastwagen angefahren, und die Packer trugen Möbel und Kisten hinaus, bis die Wohnung leer und kahl war. Ich hängte mich Großmutter an den Hals und wollte nicht weg von ihr. Sie tröstete mich und versprach mir, daß ich sie immer in den Ferien, an Ostern, im Sommer, an Weihnachten und am Geburtstag besuchen dürfe und daß sie auch uns besuche.

Als sämtliche Möbel in der neuen Wohnung standen, fühlten wir uns lebendig eingemauert. Zwei Schritte vom Schrank zum Bett, drei Schritte von der Tür zum Fenster. Die Decke fiel herab, die Leute über uns traten uns auf den Kopf, nachts klopfte es, es schnarchte auf allen Seiten. Wir fühlten uns wie Gefangene, Betrogene. Zwei Quadratmeter Balkon hingen vor der Küche. Es wurde mir schwindelig, wenn ich vom fünften Stock in den kleinen Hinterhof hinabsah. Mutter befürchtete, daß einer von uns über das Geländer klettern und hinunterfallen könnte. Der Verzicht auf den freien Auslauf fiel uns schwer; die verpestete Luft löste bei uns Übelkeit und Brechreiz aus. Jeden Tag lag ein anderer Geruch über der Stadt, einmal nach Hefe, ein andermal nach Schwefel; es bitzelte uns in den Nasen, der Hals brannte, nachts konnten wir nicht einschlafen, die Augen tränten.

Mein Brückenbauervater war an seine Familie, an das Zusammenleben mit ihr auf engstem Raum, an das Tagfürtag und Nachtfürnacht mit seiner Frau und mit seinen Kindern nicht gewöhnt. Er hatte zuvor nie längere Zeit mit uns verbracht. Auf der anderen Seite konnte sich Mutter, die bis dahin alle Belange der Familie selbständig verwaltet hatte, nicht in die Rangordnung, die er nun verlangte, einfügen und den Wünschen ihres Mannes unterordnen. Außerdem litt sie unter der Großstadtatmosphäre, gegen die sie voreingenommen war. Sie kannte keinen Menschen in der Stadt, hatte weder

Freunde noch Verwandte in der näheren Umgebung und fand schlecht Anschluß. Sie sehnte sich nach dem eigenen kleinen Haus, nach dem Garten, den Wäldern und lag in jeder freien Minute meinem Vater mit ihrem Jammern in den Ohren.
Dazu kam, daß wir im wahrsten Sinne des Wortes den Gürtel enger schnallen mußten, weil das Einkommen meines Vaters geringer geworden war und er außerdem mitverpflegt werden mußte, es gab keinen Gemüsegarten und keine Obstbäume.
Wir alle litten unter entsetzlichem Heimweh; mein Bruder warf die Spielsachen vom Balkon und aus dem Fenster auf die Straße. Er pinkelte zwischen den Gitterstäben hindurch, in hohem Bogen hinunter auf die frisch aufgehängte Wäsche der Hausbewohner. In unserem Garten hatte es keinerlei Verbote gegeben.
Im Treppenhaus ließ ich kleine Klümpchen Spucke zwischen dem Treppengeländer hindurch vom fünften Stock in die Tiefe sausen; unten klatschten sie auf dem marmorierten Steinboden auf. Überängstlich bewachte Mutter jeden Schritt von uns. Die Hausbewohner beklagten sich bei unserem Vater über unsere Ungeschicklichkeit und Lebhaftigkeit. Tagsüber hockten wir entweder lustlos in den Ecken der Wohnung herum oder verwandelten sie in einen Spielplatz. Wir spielten Bauer mit Pferd und Wagen in der Küche, die Kuh wurde unter dem Tisch gemolken. Dazu bauten wir Höhlen und Wohnungen, spielten Vater und Mutter, zogen die Hüte auf, alte Kleider und Schuhe meiner Mutter an. Mein Bruder rannte mit einem Stück Holz als Lenkrad in den Händen und Motorengeräusch vor sich hinbrummend durch die Wohnung. Wir zankten uns, vertrugen uns, schlugen aufeinander ein und versöhnten uns wieder. Wir stellten die Stühle hintereinander und spielten Eisenbahn, mein Bruder zischte, er war die Lokomotive, Mama mußte mitspielen. Mein Vater hatte es nie gelernt, mit uns zu spielen, er langweilte sich in unserer Gesellschaft und sehnte sich nach dem unverbindlichen Wirtshausleben zurück.
Mama meldete meinen Bruder und mich im Kindergarten an, damit wir aus dem Haus waren und gleichzeitig noch etwas lernten. Wir sprachen jedoch einen anderen Dialekt, was ich dort zum ersten Mal merkte, und wurden deswegen ausge-

lacht und verprügelt. Mein Bruder setzte sich mit Fäusten und Füßen zur Wehr, ich riß die Mädchen an den Haaren und unterstützte ihn tatkräftig. Dafür mußte er zur Strafe auf einem hohen Tisch sitzen, mich steckten sie in eine andere Gruppe, weil ich etwas älter als mein Bruder war. So konnte ich nicht mehr auf ihn aufpassen, ihm nicht beistehen und weinte mir die Augen vor den Kopf aus lauter Angst, ihm könnte etwas zustoßen. Zum Glück steckten wir uns nach drei Wochen mit Masern an und durften die Kinderschule nicht mehr besuchen.

Mein Onkel, der Geschäftsmann, hatte meinem Vater versprochen, ihn als Meister in seinem Betrieb zu beschäftigen, ihn eventuell zu beteiligen, hatte aber schlauerweise noch einen anderen, zweiten Meister eingestellt, um die Produktivität seines Betriebes zu steigern. Gleichzeitig mußte sich Vater bei der Handwerkskammer zu einem Meisterprüfungslehrgang anmelden, den er in seiner knapp bemessenen Freizeit besuchen sollte. Mein Vater, an das theoretische Lernen nicht gewöhnt, sollte nun in der kleinen Dreizimmerwohnung zusammen mit zwei lebhaften Kindern von drei und fünf Jahren Zeichnen, Rechnen und Buchführung üben. Mein Onkel begründete seine Auflage damit, daß er nur dann bei der Wehrmacht einen Antrag auf u. k. stellen könne, wenn mein Vater die Meisterprüfung mit Erfolg abgelegt habe.

Wir fürchteten uns, wenn wir seine schweren Schritte auf der Treppe hörten, sein Schlüssel sich im Schloß der Abschlußtür drehte.

Feierabend, er kam nach Hause, riß sich seine flache Mütze vom Kopf, warf sie in das Loch in der Mitte des Küchenschranks, zerrte sich die Schuhe von den Füßen, gab ihnen einen Tritt, daß sie in eine Ecke flogen. Mein Bruder und ich versteckten uns vor ihm, drückten uns in die schmalen Zwischenräume zwischen Schrank und Wand, machten uns unsichtbar, sobald er die Wohnung betrat.

Das Essen, das ihm Mutter vorsetzte, schmeckte ihm nicht. Ich hatte für ihn extra frische Wurst und Gurken in der nahen Metzgerei eingekauft. Wir aßen Grießbrei, langweilig und fad. Mittags, in der Zeit zwischen zwölf und ein Uhr, holte ein Lehrbub des Betriebs das Essen für Vater in einem Essen-

träger, einem Gestell, in dem drei verschiedene Aluminiumtöpfchen übereinander eingehängt waren, und fuhr mit dem Fahrrad schnell zurück zum Geschäft, damit das Essen nicht kalt wurde. Der Fraß schmecke ihm nicht, beklagte er sich; abends schimpfte er über das miserable Mittagessen, meine Mutter mache es sich zu einfach, gebe sich beim Kochen keine Mühe. Es störte ihn die Fliege an der Wand, das Durcheinander, das wir beim Spielen hinterließen. Er nahm Anstoß an der Nähmaschine, die in der Küche aufgestellt war. Die Küche war der einzige Raum, der geheizt wurde, darin spielte sich der Familienalltag ab. Vater machte meiner Mutter Vorwürfe, daß sie nicht mit Geld umgehen könne, weil es hinten und vorn nicht ausreiche. Mama wiederum beschimpfte ihn, daß er für seine Wirtshausbesuche, für seine Zigaretten zuviel verbrauche. Sie schrien einander an, wir flüchteten uns in die Betten und waren froh, wenn wir aus der Schußlinie waren.
Mehr über den Inhalt der Gespräche zu erfahren, erhoffte ich mir, wenn ich nach dem Abebben des Streites am Türspalt lauschte. Stumm lag ich, schon im Nachthemd, auf der Lauer, paßte auf, daß keines der Fußbodenbretter knarrte. Niemals befiel mich ein schlechtes Gewissen wegen meiner Lauscherei, im Gegenteil, ich dachte, daß es besser sei, alles zu wissen, was in der Familie vorging, um dann mithelfen zu können, die Probleme zu lösen.
Meistens versuchte mein Vater am anderen Tag mit Zärtlichkeit und Zuwendung alles wieder gutzumachen. Um die Einigkeit in der Familie wiederherzustellen, unterwarf er sich den Wünschen meiner Mutter und ging mit uns in den Hindenburgpark. Wir besuchten den Bärenzwinger, die Bären winkten uns mit den Tatzen. Mein Bruder fürchtete sich vor ihnen, geriet in Panik. Da waren ihm die Pfauen mit ihren langen, auf dem Boden schleppenden Federn lieber. Wir warteten lange darauf, ob die Vögel nicht ein Rad schlagen würden, dann wurde es uns zu langweilig, wir wollten lieber ein Eis kaufen beim Eismännchen, das gerade mit seinem vierrädrigen Handwagen – den zwei Silbertürmen obendrauf – vorbeikam. Großzügig spendierte Vater jedem eine Tüte; er versuchte alles auszubügeln und vergessen zu machen, was er im Jähzorn seiner Wutausbrüche zerstört hatte.

Mama stellte fest, daß die Leute in Ludwigshafen nicht so stolz seien wie zu Hause in Kaiserslautern. Hier haben die meisten keine Sonntagskleider, sondern ziehen jeden Tag das gleiche an; bei uns zu Hause holen sie ihre gute Sonntagsgarderobe aus dem Schrank und setzen die schicken Hüte auf, die sie nur sonntags tragen. Das ist der Unterschied.
Mutter besaß ein rotes Kleid, das sie jeden Sonntag aus dem Schrank nahm, am Nachmittag beim Spazierengehen trug, montags lüftete und dann wieder in den Kleiderschrank verschwinden ließ. Ich fand das Kleid langweilig, weil es immer dasselbe war und sie darin immer gleich aussah.
Im Park begegneten uns viele Herren in Uniformen, sie trugen glänzende Stiefel, gebügelte Hosen und steife Mützen. Sie brachten meine Mutter auf den Gedanken, Vater zu überzeugen, daß er dringend in die Partei Adolf Hitlers eintreten müsse. Sie war von dieser Idee beseelt und glaubte, daß dann nicht nur ihr Ehemann, sondern die ganze Familie in einem besseren Licht dastände und unser Ansehen steigen würde.

Jeden Abend, wenn Vater ansprechbar war, bekniete sie ihn, den Aufnahmeantrag bei der Partei zu stellen. Vater dachte nicht daran, reagierte heftig auf ihr eindringliches Zureden und wehrte sich, sie solle ihn mit ihren elenden Nazis in Ruhe lassen. Er stand vom Stuhl auf und sang zum Trotz mit fester Stimme sein Arbeiterlied. Nur die Angst, daß die Nachbarn meinen Vater anzeigen könnten, hielt sie davon ab, noch öfter auf ihn einzureden. Der Sonntagsspaziergang endete frühzeitig in einer Kneipe. Nach einem Glas süßen Sprudels und einer Laugenbrezel langweilten wir uns vor dem Gasthaus, spielten in unseren hellen Sonntagskleidern Verstecken und Fangen, machten uns so schmutzig wie die Wühlmäuse, und schon war wieder Anlaß zum Streit.
Meine Mutter saß feingemacht in der Wirtschaft neben meinem Vater, redete auf ihn ein, nicht soviel zu trinken, zählte auf, was sie alles von dem schönen Geld kaufen könne.

In dem hohen Wohnblock wohnten die unterschiedlichsten Familien. An jeder der zweiflügeligen Abschlußtüren waren glänzende Namensschilder angeschraubt. Ich stand vor den

Wohnungstüren, die alle gleich aussahen, und wußte nicht mehr, welche in unsere Wohnung führte.

Im Erdgeschoß rechts betrieb ein ältliches Fräulein einen Lebensmittelladen; zu ihr mußten wir ganz besonders freundlich sein und guten Tag sagen, deutlich und hochdeutsch sprechen, damit sie auch einmal etwas anschrieb, wenn wir kein Geld hatten. Im ersten Stock wohnte Herr Kaiser, das war ein außerordentlich wichtiger Mann. Mama machte einen runden Mund, wenn sie von ihm sprach. Blutordensträger, sagte sie mit aufgerissenen Augen; wir glaubten, eine Art Heiligen vor uns zu haben. Er hatte ein Bein verloren, ging am Stock, sein Gesicht war aufgedunsen und purpurrot angelaufen, wenn er die Treppe stieg. Einer seiner Söhne, der älteste, ging täglich mit einer schwarzen Uniform ein und aus. Wir drückten uns hinter die Kellertür, sobald wir ihn mit seinen Stiefeln die Treppe herunterkommen hörten. Familie Kämmer im dritten Stock bestand aus zwei Frauen und einem alten Mann. Eine der Frauen schrie jeden Tag schrill nach Jesus und Maria; manchmal stand sie hinter der gläsernen Abschlußtür und riß sie in dem Augenblick auf, in dem wir vorbeigingen. Sie hatte schlohweißes Haar und rotunterlaufene Augen; meine Mutter meinte, sie habe einen religiösen Wahn und sei hysterisch. Von diesem Tag an ging mein Bruder nicht mehr allein an dieser Wohnungstür vorbei. Waren wir beisammen, krochen wir auf allen vieren unterhalb der Glasscheibe vorbei oder schlichen auf Zehenspitzen außen am Geländer entlang. Eines Tages fuhr ein Rotkreuzauto vor und holte die Frau ab.

Zum Glück wohnte unter uns eine Frau, die viel Verständnis für unsere Familie aufbrachte. Meine Mutter lieh manchmal eine Tasse Zucker oder ein Päckchen Backpulver bei ihr und erzählte dabei von ihren Sorgen. So wurden wir mit Frau Heilmann bekannt und schlossen die erste Freundschaft. Einmal setzte sich Frau Heilmann in den frischgebackenen Pflaumenkuchen, der auf dem Stuhl zum Auskühlen abgestellt war, wir lachten, bis uns der Bauch weh tat.

Unser Wohnblock stand an einer Ecke. Im Parterre links war eine Kneipe eingerichtet. Sonntags, oder wenn wir einmal Besuch hatten, ging ich mit dem steinernen Krug an das viereckige Fensterchen im Hausgang und holte einen Stein Bier

zum Mittagessen. Die Wirtschaft und die Wirtsleute standen bei meiner Mutter in keinem guten Licht.
Dem Wohnblock gegenüber, mitten in einem Garten mit schönen, alten Bäumen, stand eine graue Villa, an deren Außentür ein Emailleschild angebracht war: NSDAP – Winterhilfswerk. An hohen Feiertagen, dem 1. Mai und dem Führergeburtstag, wehte eine mächtige rote Flagge mit dem Hakenkreuzsymbol an der Fahnenstange; aber in dem Garten durften keine Kinder spielen.
Die Straßen waren mit Fahnen, Girlanden und Hitlerbildern geschmückt. Viele Leute schnitten die Blüten der frühen Kirschbäume ab und umrahmten damit die Bilder. In den Blumenkästen außen auf den Fensterbänken staken wie Blumensträuße bündelweise Papierfähnchen, die Häuser verschwanden hinter dem roten Fahnentuch. Aus Lautsprechern ertönte Marschmusik, Spruchbänder waren über die Straßen gespannt.
Wir hingen keine Fahne aus dem Fenster; Vater war dagegen, außerdem, sagte er, gibt es gerade genug Verrückte.
Männer in Stiefelhosen, mit hohen Mützen und Schulterriemen marschierten streng geordnet durch die Straßen zum Messeplatz, traten an, traten ab, standen vor dem Rednerpult, schrien Heil, Heil, Heil und Sieg.
Wie angewurzelt stand ich am Straßenrand, betrachtete die Kolonnen, hörte den Trommlern zu, die das Schrittempo angaben, rannte schließlich hinterher. Hitlerjungen schüttelten die Sammelbüchsen für das Winterhilfswerk und verkauften Anstecknadeln.
Zuerst ließ uns Mutter nicht auf der Straße spielen, sie hatte Bedenken, es könnte uns jemand mitnehmen, sie schärfte meinem Bruder und mir jedesmal ein, wenn wir die Wohnung verließen, nur ja mit niemandem mitzugehen. Wir fanden bald Anschluß an andere Kinder und spielten mit ihnen.
Nachmittage lang: Die goldene Brücke, die goldene Brücke, wer hat sie denn zerbrochen. / Rote Kirschen eß ich gern, schwarze noch viel lieber. / Herr Kaiser, wieviel Schritte gibst du mir? / Abends, wenn der Mond scheint zum Städtchen hinaus ... bis eine Anwohnerin das Fenster aufriß und rief, ich werde jetzt verrückt, wenn ihr nicht damit aufhört.
Beim Doktorspielen blieben wir im Hauseingang, wo die lee-

ren Sauerkraut- und Heringsfässer des Lebensmittelgeschäftes standen. Jedes Kind durfte einmal der Doktor sein und die anderen untersuchen. Ich hatte einen kleinen Verband umgebunden, entweder am Arm, am Kopf oder am Bein. Nur Rosi, das Mädchen mit der Hühnerbrust, mußte sein Kleid aufknöpfen, das Hemd in die Höhe, das Höschen herunterziehen. Es lag auf einer Treppenstufe, das war das Bett, und wurde von jedem gründlich untersucht. Ich wußte ja, wie Mädchen und Buben aussahen, unsre Mutter ließ meinen Bruder und mich zusammen baden. Aber so etwas wie Rosis Höcker hatte ich noch nicht gesehen und wollte ihn unbedingt berühren.

6

Im Januar 1940 kam die Nachricht, daß ich zur Einschulung anzumelden sei. Ich war erst fünfeinhalb Jahre alt und mußte zur Untersuchung in das Gesundheitshaus kommen. Dort stellte man mich auf die Waage und an die Meßlatte; danach fragte mich eine Frau nach den Geburtsdaten und -orten aller Familienangehörigen. Die Religionszugehörigkeit meiner weitläufigen Verwandten und Vorfahren interessierte sie besonders, dabei ließ sie meine Mutter unbeachtet an der Tür stehen, holte mich aber dicht neben sich an den Schreibtisch. Als sie alles erfahren hatte, fand sie, daß ich schulreif sei.
Zu Ostern schickte Großmutter ein großes Paket mit einem ledernen Mädchenschulranzen, Griffelkasten, Schwammdose, einer Schiefertafel mit roten Linien und zwei aus weißer Baumwolle gestrickten Tafelläppchen. Es war wichtig, daß die beiden Tafelläppchen seitlich aus dem Ranzen hingen. Ich kam in die Maxschule, die nur fünf Minuten von unserer Wohnung entfernt war.
Natürlich war ich neugierig auf die Schule, und jeder fragte mich, gehst du gerne zur Schule? Ja! Ich brannte darauf, endlich richtig lesen und schreiben zu lernen; ich hatte im voraus geübt und mich vorbereitet, konnte schon lesen und Druckbuchstaben schreiben. Das Lesebuch kauften wir in einer Buchhandlung in der Heinigstraße. Innen, auf dem ersten Blatt hinter dem Umschlag, war auf Glanzpapier die seiten-

große Fotografie Adolf Hitlers in Uniform und mit Hakenkreuzbinde am Ärmel. Darunter stand: Unser Führer Adolf Hitler, Sieg Heil!

Weil gerade Ostern vorbei war, malten wir Ostereier und Nestchen. Ich war maßlos enttäuscht und lief nach Hause, beklagte mich über das kindische Gemale.

Da nahm ich mir lieber das neue Lesebuch vor und las: Braune Blätter fallen, kühler weht der Wind, graue Nebel wallen und der Herbst beginnt …

Ich besaß keine Bücher, und das Lesebuch war voller bunter Bilder, es gefiel mir.

Unsere Lehrerin war groß und schlank, hatte blondes, in der Mitte gescheiteltes Haar, das, zu Zöpfen geflochten, wie ein Kranz um den Kopf gelegt war. Sie erzählte uns, was Adolf Hitler für ein braver, tüchtiger Schüler gewesen sei, mutig, tapfer und gescheit.

Für die Pausen mußten wir uns im Schulsaal hinter der geschlossenen Tür ordentlich, zwei und zwei, aufstellen und mit ihr an der Spitze in den Schulhof marschieren. Wir lernten Wanderlieder: Jetzt kommen die lustigen Tage … Schwarzbraun ist die Haselnuß …

Zuerst übten wir in der altdeutschen, spitzen Schrift auf-ab-auf, i-Tüpfelchen drauf, mit Aufstrich und Abstrich, mit Häkchen und Bögelchen, mit gespitztem Griffel auf der Schiefertafel. Wenn im Schulhof eine Feier abgehalten und die Fahne am Mast hochgezogen wurde, sangen wir Deutschland, Deutschland über alles und Die Fahne hoch.

Die ganze Zeit über mußten wir den rechten Arm zum Hitlergruß hochstrecken. Je länger die Feier dauerte, um so mehr schmerzte mir der Arm. Unserem Führer Adolf Hitler ein dreifaches Sieg Heil, ich legte meinen müden Arm auf die Schulter des Vordermannes.

Ich war die Kleinste in der Klasse, beim Turnen mußte ich als letzte in der Reihe stehen. Das ärgerte mich, ich schämte mich deswegen. Beim nächsten Mal, als wir antreten mußten, stellte ich mich auf die Zehenspitzen, damit ich wenigstens nur die Zweitkleinste war.

Im Schulhof, hinter der Turnhalle, waren große Tonnen aufgestellt. Dorthinein hatten wir die ausgedrückten Tuben von Salben und Pasten zu werfen. Wir lernten, daß Lumpen, Eisen, Flaschen und Papier Rohstoffe seien und gesammelt werden müssen. Jeden Tag fragte ich Mama, ob die Zahnpastatube endlich leer sei und ich sie mitnehmen dürfe; ich dachte, das sei sehr wichtig. Nichts mehr wurde weggeworfen, die Zeitungen bündelweise vor das Haus gesetzt, die Lumpen, Altkleider und Spinnstoffe in Säcke gestopft. Aber bei uns gab es nicht viele Abfälle, besonders wenig Lumpen, höchstens einmal ein paar Schnippel, und die Zeitungen brauchte meine Mutter zum Feueranmachen.

Meine Banknachbarin hieß Paula, sie hatte struppige, abstehende Haare und wohnte am Bahndamm. Weil sie nicht schön aussah wie die anderen Mädchen und die Lehrerin sie häufig ermahnen mußte, sich die Hände und das Gesicht zu waschen, bevor sie zur Schule komme, wollte sich niemand freiwillig neben sie setzen. Da befahl Fräulein Edelmann, daß ich mich zu Paula setzen und ihr beim Lesen helfen solle. Das erste, was ich von Paula erbte, waren Läuse. Mama bemerkte es, als sich mein Bruder mit beiden Händen auf dem Kopf kratzte.

Einige Wochen später übernahm ich von Paula den Keuchhusten, und der Arzt empfahl, sofort meinen Bruder impfen zu lassen, für mich jedoch sei eine Luftveränderung unumgänglich. Mein Bruder bekam drei Spritzen und eine Menge Geschenke, weil er die Prozedur so tapfer überstanden hatte. Der Einfachheit halber schob man mich zur Großmutter nach Kaiserslautern ab, die großen Ferien standen sowieso vor der Tür.

Und ich war glücklich, glücklich wieder daheim bei Großmutter zu sein, allein mit ihr. Am Tag hörten wir Geschützdonner, das ist am Westwall oder an der Maginotlinie, sagte Großmutter. Ich konnte mir nichts darunter vorstellen. Großmutter, in diesem Sommer siebzig Jahre alt geworden, erschien mir als eine alte Frau. Entweder hatte ich es zuvor nicht gesehen oder die Entfernung hatte mir die Augen für ihr Alter geöffnet. Am Morgen waren ihre Hände und Füße steif, ich mußte ihr in die Strümpfe und Schuhe helfen. Sie sollte mir meine Zöpfe flechten, ich mußte warten, bis ihre gichtigen Hände aus der nächtlichen Starre erwacht waren und wieder einigermaßen beweglich waren. Sie zog die einzelnen Haarsträhnen so fest an, daß sich die Zöpfe nach außen bogen und seitlich vom Kopf abstanden.

Meinen Keuchhusten kurierte sie mit überlieferten Hausmitteln; sie besorgte sich einen schwarzschaligen, dicken Rettich und braunen Kandiszucker. Dann drehte sie einen scharfkantigen Zuckerbrocken von der Spitze her in den Rettich, hängte ihn an einer Schnur am dicken Ende auf und ließ den über den Zucker herauslaufenden Saft in ein Glas tropfen. Mit diesem Sirup und einem von ihr gekochten Zwiebelsaft bekämpfte sie meine Krankheit. Trotzdem hustete ich bei Tag und Nacht weiter, daß die Augen aus den Höhlen traten. Schleim lief mir aus Hals und Nase, wenn ich während des Hustenanfalls nach Luft rang. Meine Lungen pfiffen wie Ventile einer Maschine, ich keuchte und röchelte und schneuzte mich, Großmutter hielt mich fest, ich mußte mich übergeben.

Während aus den Fenstern der Sieg der deutschen Truppen aus den Volksempfängern dröhnte, wurden die Fahnen an den Masten der Siedlungshäuser hochgezogen. Die Hustenanfälle ließen mich nicht zur Ruhe kommen; Großmutter machte ein erschöpftes Gesicht, während sie mir den Eimer vorhielt, damit nichts aufs Bettzeug und auf den Fußboden kam.

Ich saß ermattet auf der Gartenbank, während die Nachbarn am Zaun Großmutter vom großartigen Sieg der deutschen Soldaten über Frankreich, mit dem nun 1918 wieder ausgebügelt sei, und von dem triumphalen Einzug der Truppen in Paris berichteten. Wir können stolz sein, sagten sie zu uns, Großmutter meinte, daß sich mein Husten gebessert habe. Überall hingen die Fahnen, der Blockwart spazierte durch die Sandwege der Siedlung, niemand hatte vergessen zu flaggen. Großmutter besaß kein Radio, nur einen Detektor mit zwei Kopfhörern. Ich hustete, keuchte, erbrach mich, rang nach Luft. Mit Haaren, die der Schweiß lockig gemacht hatte, mit schleimigem Mund und hilflosen Augen schaute ich die Häuserreihe entlang, die weiß hinter dem roten Fahnentuch zurücktrat, und konnte die Freude der Nachbarn nicht teilen.

Ich fühlte Durst und wollte zu trinken.

Ich suchte einen Arm, der mich hielt.

7

Ihre Füße bewegen sich auf und ab, auf und ab, im gleichen Rhythmus, wie eine Maschine. Ich sitze auf dem Fußboden und sehe zu, wie Frau Rabholz, unsere Näherin, die Maschine antreibt. Mama hat sie bestellt, damit sie für mich das versprochene Schulkleid näht. Die getragenen Kleidungsstücke sind auseinandergetrennt und mit einem feuchten Tuch glattgedämpft. Nun werden sie auf die andere Seite gewendet, die zerschlissenen Stücke an den Ellenbogen herausgeschnitten, die Vorderteile mit den Knopflöchern weggeworfen, aus zwei alten wird ein neues Kleid zugeschnitten. Aus dem dunkelblauen Tuchmantel meiner Mutter wird ein Schulmantel mit Samtkragen für mich, aus den abgelegten Hosen meines Vaters eine kurze Stoffhose für meinen Bruder genäht. Mein Kleid wird aus den Stoffresten, die vor Jahren von Mamas Sonntagskleid übriggeblieben sind, und einem aufgetrennten Rock meiner Großmutter zusammengesetzt.

Frau Rabholz näht auch für meine Mutter aus zwei verschiedenen Stoffen, die wir nach der Spinnstoffzuteilung auf die Punkte der Kleiderkarte erhalten haben, ein Kleid ›zum Verstellen‹. Der Rücken, die Ärmel und die Seitenteile werden aus dunkelblauem Seidenstoff, die mittlere Bahn aus lilafarbener Kunstseide eingesetzt und über dem Bauch mit einem Durchziehgürtel stark eingelesen. Dazu kauft sich Mama ein Paar bequeme Halbschuhe. Sie kann sich beim Schuhanprobieren nicht mehr richtig bücken, ich muß ihr mit dem Schuhlöffel helfen. Sie ist also schwanger.

Dabei fällt mir ein, daß mir Mama noch nie etwas über ihren Vater erzählt hat, über den Mann meiner Großmutter. Sie erwähnte ihn niemals. Ich frag sie deshalb nach seinem Namen.

Wer, frag ich, wo ist der Mann?

Ich soll die Tränen nicht sehen, die ihr in die Augen steigen, die roten Flecken in ihrem Gesicht und am Hals. Sie faßt mich fester an der Hand, ich spüre ihre schwieligen Hände, die aufgerissene spröde Haut, die sie das ganze Jahr über, sommers und winters, hat. Sie sagt, ich kann machen was ich will, ich habe rauhe Hände, die Hausarbeit bekommt mir nicht.

Sie will mich ablenken, auf ein anderes Thema bringen, aber ich habe mich festgebissen, wer war mein Großvater? Sag doch! Sag doch!
Großmutter war niemals verheiratet gewesen. Es überrascht mich nicht, ich hatte es geahnt. Viele Bekannte, die meine Großmutter und mich auf gemeinsamen Wegen trafen, sprachen sie als Fräulein an. Außerdem war bisher nie die Rede von einem Mann, von einem Vater gewesen. Großmutter und Mama hatten niemals ein Wort darüber verloren, das machte mich mißtrauisch und neugierig zugleich. Sie wollten mich in der Schwebe halten, wahrscheinlich auch weiterhin ihr Geheimnis vor mir verbergen.
Zeig mir ein Bild! Ich habe keines, deine Großmutter hat Bilder. Sie zeigt sie nicht, gibt nichts preis.
Mama war Großmutters einziges Kind. Sie lebten seit meiner Geburt im gleichen Haus, waren jedoch auf Distanz geblieben, hatten keine Berührungspunkte, führten keine langen Gespräche. Sie hatten unausgesprochen einen lebenslangen Stillschweigepakt abgeschlossen. Wenn es zum Wortwechsel zwischen beiden Frauen kam, warf Großmutter die Tür hinter sich ins Schloß, ging vor sich hinbrummend die Treppe hinauf in ihre Wohnung. Dann ließ sie sich zwei Tage nicht bei ihrer Tochter blicken.
Nur ich, das Kind, das Mädchen, war ihre Gemeinsamkeit. Erst der Schlaganfall, der meiner Großmutter den Tod brachte, zerriß das Schweigen meiner Mutter, ließ sie wieder zum Kind werden, als ihre Vergangenheit mit dem Leib meiner Großmutter gestorben war.
Um die Jahrhundertwende hatte meine Großmutter einem Witwer mit drei Töchtern den Haushalt geführt. Er war ein tüchtiger Geschäftsmann mit einem florierenden Betrieb und wollte gerne wieder heiraten, aber seine Mutter war dagegen. Deswegen mußte meine Großmutter ihr Kind unehelich zur Welt bringen, und ein vaterloses Kind war damals eine große Schande. Aber zum Glück fand Großmutter in einem kinderlosen Fischerehepaar am Neckar die besten Pflegeeltern für ihre Tochter, die sie sich wünschen konnte. Sie selbst mußte weiterhin Geld verdienen, der Unterhalt, den sie für ihr Kind bekam, reichte bei weitem nicht aus. Das kleine Mädchen wurde liebevoll, wie ein eigenes Kind von dem Ehepaar groß-

gezogen, gepflegt und behütet. Die richtige Mutter konnte ab und zu, wenn sie ein paar Stunden frei hatte, das Kind besuchen. Nach einem Jahr begann die Fischersfrau zu husten. Es stellte sich heraus, daß es eine offene Tuberkulose war, an der die Frau litt. Für das Kind mußte eine neue Unterkunft gesucht werden.

Anna, die jüngste Schwester meiner Großmutter, hatte in der Zwischenzeit geheiratet und wohnte in einem Bauernhaus, brauchte aber Geld, um den Hof zu renovieren und die Miterben auszuzahlen. So war beiden Seiten geholfen, als Anna das Kind ihrer Schwester gegen gutes Entgelt in Pflege nahm. Auf dem Bauernhof wurden Kinder zwar nicht sehr fürsorglich behandelt, dafür aber rechtzeitig an die Rauheit der Natur und an das einfache Leben gewöhnt. Der Zorn des jungen Bauern entlud sich mehr als einmal über dem Kind. Das Mädchen wurde mehr schlecht als recht über die ersten Jahre gebracht, der Mann erlaubte seiner Frau nur dem Pflegegeld zuliebe, das Kind mit dem Nötigsten zu versorgen. Die Situation des Kindes verschlechterte sich noch, als dem Ehepaar eigene Kinder geboren wurden. Die Geschenke, Spielzeuge und Kleider, die die Mutter dem Mädchen schickte, nahm man ihm weg und gab sie den eigenen Kindern. Der Bauer griff auch zur Peitsche, wenn er es für nötig hielt und zitierte die Bibel bei seinen fürchterlichen Strafen: Wen der Herr liebt, züchtigt er.

Meine Mutter ging mit den Bauernkindern zur Schule, saß mit ihnen in den Bänken, tauschte ihren höheren Platz in der Bankreihe gegen Äpfel ein, aber sie fühlte sich der Familie ihrer Tante zugehörig. Sie sagte zur Tante Mamme und kannte ihre leibliche Mutter nur von seltenen Besuchen, bei denen sie sie niemals anredete. Die Frau, die im fernen Mannheim ihr Geld verdiente, war für die Kinder die Elis-Tante oder auch die reiche Tante, weil sie bares Geld verdiente und ihre Mitgift auf dem Sparkonto bei einer Mannheimer Bank angelegt hatte.

Zu Beginn des Ersten Weltkrieges zeichnete die Frau, getreu nach dem Motto: ›Gold gab ich für Eisen‹, Kriegsanleihen für den Kaiser.

Als Anna und ihr Mann das erfuhren, erhöhten sie das Pflegegeld für das mittlerweile herangewachsene Mädchen beträchtlich. Großmutter verließ die Herrschaftsfamilie in Mannheim, die sich wegen des Krieges aufgelöst hatte, und bewarb sich als Hauswirtschaftsleiterin in einem Lazarett in der Pfalz.

Sie kam zurück, nahm sich eine Wohnung und holte ihre Tochter zu sich. Die Mutter hatte jeden Tag von morgens bis nachts Dienst in der Lazarettküche und konnte sich nicht um das Mädchen kümmern. Nicht einmal am Konfirmationstag bekam sie Urlaub. So mußte die Tochter das aufgewärmte Kriegsessen nach der kirchlichen Einsegnung allein hinunterwürgen. Mutter und Tochter kamen sich trotz der gemeinsamen Wohnung nicht näher. Als die Tochter einmal den Haustürschlüssel vergessen hatte, rief sie: Mutter, mach doch auf! Die Mutter, an die kindliche Anrede nicht gewöhnt und wahrscheinlich auch eifersüchtig auf die anderen Frauen, die ihr Kind Mutter genannt hatte, sagte zu ihrer Tochter: du hast mich bisher nicht Mutter genannt, du brauchst es auch weiterhin nicht zu tun!

Ich kann mich auch nicht erinnern, daß Mama Großmutter jemals angesprochen hat, sie sagte höchstens ›hör mal‹.

Das junge Mädchen, an das Zusammenleben mit der fremden Frau nicht gewöhnt, bekam bald Heimweh nach der ländlichen Umgebung, nach den Schulkameraden, nach seinen Freunden und nach den Tieren. Es wurde krank und rief in den Fieberphantasien nach denen, die ihm etwas bedeuteten. Der herbeigerufene Arzt empfahl der Mutter, ihre Tochter schleunigst dahin zurückzubringen, wo sie die Jahre vorher aufgewachsen war. Wohl oder übel zahlte sie wieder das überhöhte Pflegegeld und haßte ihre Tochter dafür.

Das Mädchen besuchte inzwischen die Handelsschule in der Stadt und mußte, da das Dorf abgelegen war, jeden Tag zweimal einen einstündigen Fußweg zur Bahnstation zurücklegen. Das machte dem Mädchen alles nichts aus, für es zählte nur, daß es wieder auf dem Bauernhof war und dazugehörte.

Der Krieg war verloren, Großmutter um einiges ärmer. Sie konnte nicht verkraften, daß sie ihr Erspartes verloren hatte und erkrankte schwer. Sie litt unter Depressionen und mußte in ein Sanatorium. Danach setzte sie alle Hebel in Bewegung, um eine Lehrstelle für ihre Tochter zu finden, und versuchte,

sie davon zu überzeugen, nach der Handelsschule in die Stadt zu übersiedeln und eine kaufmännische Lehre zu absolvieren.
Meine Mutter lenkte schließlich ein und nahm eine Lehrstelle an. Bei ihrem Lehrherrn kamen ihr die bäuerlichen Erfahrungen zugute. Der Ziegenstall war auszumisten und der Mist mit dem Handwagen kilometerweit zum Garten ihres Lehrherrn zu fahren. Als weitere Übungen waren Strümpfestopfen, Bodenputzen und Geschirrwaschen im Ausbildungsprogramm des Kaufmanns vorgesehen. Ein Entgelt dafür gab es nicht.
Zum Glück war der Unterricht in der Fortbildungsschule umfassend, und meine Mutter bestand nach dreijähriger Ausbildungszeit ihre Abschlußprüfung.
Nach Ansicht meiner Großmutter sollte die Ausbildung damit noch nicht beendet sein. Sie entschied, daß ihre Tochter nun in einem feinen Haushalt die Hauswirtschaft und das ›Gute Benehmen‹ erlernen sollte und schickte sie als Kindermädchen zu einer angesehenen Direktorenfamilie. Geld wurde für diese Tätigkeit nicht bezahlt, höchstens fiel einmal ein Trinkgeld ab, wenn sie bei gesellschaftlichen Anlässen half.

8

Ich stehe auf dem Bahnhof in Ludwigshafen neben meiner Mutter und sehe die alte Frau rückwärts aus der schmalen Abteiltür des Personenzugs klettern. In ihren langen Röcken, den hohen Schnürschuhen, mit dem Vogelkäfig in der Hand, der Tasche, die ihr jemand aus dem Abteil nachreicht, und dem Gehstock steigt sie in das Gewirr des Feierabendverkehrs. Ich renne auf sie zu, begrüße sie, bücke mich zu dem kleinen Vogel, nenne ihn beim Namen.
Mama hatte ihr geschrieben, daß sie im November niederkomme, daß die Zeit Mitte des Monats aus sei, und Großmutter den Haushalt mit dem Mann und den zwei älteren Kindern übernehmen solle, bis sie wieder aus der Klinik zurück sei. Großmutter schlief auf dem Sofa.
Sie sagte ›Sie‹ zu meinem Vater; er wiederum sprach sie in der

dritten Person an, mit ›Ihr‹. Sie redeten nur das Allernötigste miteinander, die Spannung zwischen ihnen entging mir nicht. Zum Glück war mein Vater tagsüber nicht zu Hause, wir waren mit Großmutter allein.
Das neue Kind hatte, schon lange bevor es geboren wurde, einen Namen. Meine Eltern, die sich ein drittes Kind gewünscht hatten, nannten das Ungeborene Franz. Franz war gegenwärtig in den Unterhaltungen, beim Einkaufen der Kinderwäsche, beim Richten des Babykorbes, bei der Beschaffung des Kinderwagens. Franz, das Wunschkind, auf das sich alle Augen richteten, der starke Sohn, der blond sein sollte und aufgeweckt, widerstandsfähig und furchtlos. Zum Weihnachtsfest hatte ich mir rechtzeitig eine Puppe ausgesucht, die im Kaufhof im Regal stand und ebenfalls Franz heißen sollte. Ich freute mich auf die Puppe und auf das Kind und half Mutter beim Heben und Tragen der schweren Einkaufstaschen.
Mama wurde so dick, daß sie nur noch in das eine Kleid hineinpaßte. Ich wanderte jedesmal mit ihr quer durch die Stadt zur Entbindungsklinik, in der sie sich untersuchen ließ und das Kind zur Welt bringen wollte. Unterwegs prägte ich mir die Straßen ein, merkte mir an monumentalen Bauwerken und an Schnörkelbalkonen die Richtung, damit ich den Weg allein finden würde, wenn sie in der Klinik lag.
An einem Freitag kam Franz an, er wog beinahe zehn Pfund und war der Stolz der Familie. Er wurde in der Klinik als das größte Baby bestaunt und gleich getauft. Zu Hause wurde er empfangen wie der Liebling, auf den wir alle gewartet hatten. Meine Mutter legte ihn zum Wickeln auf den Küchentisch, ich holte meine Puppe, legte sie daneben, und wir bewunderten unsere Kinder.

Das Brüllen der Luftschutzsirenen riß mich aus dem Schlaf. Mama kam aus ihrem Schlafzimmer gestürzt, rief mich beim Namen, zog Hermännchen unter der Decke hervor. Kaum stand er aufrecht, klappte er wie ein Taschenmesser zusammen, fiel zurück auf die Matratze und schlief weiter. Er schlief während man ihm schnell das Nötigste überzog und ihm die Schuhe an die Füße steckte. Vater kam mit dem Babykorb unter dem Arm aus dem Zimmer, nahm den kleinen

Koffer in die andere Hand, Mama nahm Hermann auf den Arm, griff sich die gepackte Tasche, die ebenso wie der Koffer immer im Korridor bereitstand, lief zur Abschlußtür, stellte wieder alles ab, lief zurück, um die Zimmerfenster zu öffnen, machte das Licht aus, hastete zum notdürftig beleuchteten Treppenhaus. Bis auf einen schmalen Schlitz waren die Lampen mit schwarzem Verdunklungspapier überklebt. Die Mitbewohner, mit Koffern und Decken beladen, trampelten schon die Treppen hinunter in den Luftschutzraum.
Alle hatten zuvor schon unter der Anleitung des Luftschutzwartes an den Übungen teilgenommen, bei denen das Löschen mit der Wasserspritze, der Feuerpatsche und dem Sandeimer geprobt worden war. Meine Mutter, drei Tage zuvor aus der Frauenklinik zurückgekehrt, wollte mit dem Neugeborenen nicht in den feuchtkalten Luftschutzkeller. Sie blieb im Parterre in dem dunklen Gang stehen, wo auf der einen Seite die Tür zum Hinterhof, auf der anderen Seite die Tür zum Keller führte, um den Fliegeralarm abzuwarten. Der Luftschutzwart kam, schnauzte die kleine Gruppe um meine Mutter an, hier könne sie nicht stehenbleiben und erlaubte ihr schließlich nach einem kurzen, aber heftigen Wortgefecht, im Gastraum der Wirtschaft den Babykorb auf einen Stuhl zu stellen und uns dorthin mitzunehmen. Wir wußten, wie eng und muffig es im Keller war, weil wir schon vorher bei Fliegerangriffen da unten gesessen hatten.
Die großen Fenster des Gastraumes waren oben mit dunkelgrünem Papier zugeklebt, die übrigen Scheiben mit heruntergezogenen Verdunklungsrollos verdeckt, das armselige Licht der Deckenlampe längst gelöscht. Dennoch war es plötzlich taghell in dem saalartigen Raum.
Die englischen Flugzeuge haben Christbäume gesteckt, wir flüstern nur noch. Jeder erwartet einen Angriff. Flakgeschütze bellen. Der asthmatische Luftschutzwart stolpert über die Türschwelle und schreit, ich lehne jede Verantwortung für Sie ab. Er hat die Trillerpfeife umgehängt, ist mit der Taschenlampe bewaffnet und sich seiner Wichtigkeit voll bewußt. Die ersten Bomben fallen, schroff und hart schlagen sie in unmittelbarer Nähe ein. Das Haus zittert. Wir flüchten unter den Mantel der Mutter, drücken die Köpfe gegen sie, damit wir das Zucken der Blitze nicht sehen.

Auf der Straße vor dem Haus heulen die Sirenen der Feuerwehren, hupende Krankenautos rasen vorbei, die Trillerpfeifen von Einsatztrupps schrillen. Im Westend, nur ein Häuserquadrat von uns entfernt, hat es eingeschlagen. Ein ohrenbetäubender Lärm tobt draußen. Der Luftschutzwart schreit hysterisch, wir sollen ruhig bleiben. Steht mit einigen Männern vor der Tür des Luftschutzraumes, immer noch diskutierend, wer nach oben auf den Speicher geht, nachzusehen, ob der Dachstuhl unversehrt geblieben ist.
Endlich Entwarnung!
Die Kleider meiner Mutter sind durchnäßt vom Schweiß unserer Hände und von der Milch ihrer übergelaufenen Brüste. Arme und Beine sind steif und verkrampft, sie gehorchen nicht mehr, als wir uns aufstellen und die Treppe wieder hinaufgehen wollen. Wir weinen; übermüdet schleppen wir uns in den fünften Stock in die ausgekühlten Betten. Vor jedem Abschluß stehen noch die Eimer mit Wasser und rotem Sand. Die Leute mit den Taschen und den Koffern kommen grau aus der Kellertür hervorgequollen, trotten still in ihre Wohnungen. Die Fenster sind aufgerissen, die Gardinen wehen hinaus; vom Luftdruck zersplittert liegen Glasscherben im Bad umher. Der flackernde Schein der brennenden Häuser leuchtet zu uns herein, er riecht versengt, der Rauch kratzt im Hals.
Am nächsten Tag sehen wir die ausgebrannten Ruinen an. Angebrannte Möbel werden herausgetragen; verkohlte Balken ragen aus dem aufgerissenen Dach wie Eingeweide hervor. Wir halten uns an den Händen. Hermann hebt einen Bombensplitter auf, steckt ihn in die Hosentasche. Fenster liegen, vom Luftdruck aus den Höhlen gesprengt, zerbrochen am Boden. Am Giebel ist die Mauer eingestürzt, an gekachelten Wänden hängen Kloschüsseln, Rohre und Spülsteine im Freien. Die Männer tragen die Reste der Einrichtung zu einem dreirädrigen Lieferwagen, geben Kommandos beim Heben.
Es beginnt zu regnen, Nebel drängt sich vom Rhein her durch die herbstlichen Straßen, einzelne Schneeflocken künden den nahen Winter an.

Die Aufrufe des Winterhilfswerks trieben Mutter an, die Schränke und Kommoden systematisch zu durchwühlen. Alle nicht notwendig gebrauchten Wollsachen, überflüssiges Pelzwerk packte sie opferbereit zu Paketen für die Frontsoldaten zusammen. Aus den Schallplatten, die sie sich zum Grammophon angeschafft hatte, suchte sie die schönsten aus und spendete sie ebenfalls in dem festen Glauben, den Soldaten und den Verwundeten eine Freude zu machen.
Sie strahlte um so mehr, als sie in einem Schaukasten des Winterhilfswerks ihre handgearbeiteten Stricksachen als Beispiel für Geberfreude ausgestellt sah. Sie spendierte uns Eintrittskarten für die Jugendvorstellungen ›Karl Peters‹, ›Der große Kurfürst‹ und ›Friedrich der Große‹. Für diese Kulturfilme am Sonntagmorgen wurde intensiv geworben und Karten dafür vom Blockwart preiswert angeboten.
Der Sonntagnachmittag war meist dem Wunschkonzert vorbehalten. Mama bügelte bei ›Glocken der Heimat‹; sie hörte verzückt Zarah Leanders ›Ich weiß, es wird einmal ein Wunder geschehn‹. Sie schwärmte für Wilhelm Strienz und schaute sich ab und zu im Filmpalast Kristina Söderbaum auf der Leinwand an.

Der Winter 40/41 hatte allen die Zähne gezeigt; der Rhein war zugefroren. Auf den Straßen und Bürgersteigen türmten sich dicke Eis- und Schneeplatten, und der Hauswart rief alle Bewohner auf, mit Hacken und Schaufeln anzutreten. Die Schneepracht setzten wir im Hinterhof zu einer Art Iglu auf und der Blutordensträgersohn hielt einen Kameradschaftsabend bei Kerzenlicht für die Kinder des Hauses ab. Im Auftrag Adolf Hitlers begrüßte er uns, verteilte HJ-Wimpel und Zitronenwasser. Wir sangen die Lieder, die wir aus dem Rundfunk kannten.
Eines Abends klingelte es bei uns, mein Vetter stand in der feldgrauen Uniform der Deutschen Wehrmacht im Türrahmen. Werner hatte einige Monate bei uns in Ludwigshafen gewohnt, um seine kaufmännische Lehre zu beenden. Meine Mutter und wir Kinder liebten ihn, weil er uns bei der Übersiedlung und Einbürgerung in die Großstadt geholfen hatte. Gleich bei Kriegsausbruch hatte er seinen Gestellungsbefehl erhalten und war nach Polen zum Einsatz gekommen. Tante,

wenn sich das alles rächt, was ich in Polen gesehen habe, können sich die Deutschen gratulieren. Er unterhielt sich zwei Stunden mit meinen Eltern und verabschiedete sich, ging zum Bahnhof, fuhr zu seiner Einheit zurück, die neu zusammengestellt nach Afrika unterwegs war. Meine Mutter hörte erst wieder von ihm, als sie eines Tages den britischen Rundfunk eingestellt hatte, und die Namen der Verwundeten und Gefangenen in der Schlacht von El Alamain durchgegeben wurden.

Einige Wochen später besuchte uns ein Onkel, der Bruder meines Vaters, auch er in Soldatenuniform, um Jahre gealtert. Er berichtete von den scheußlichen Greueltaten, die in Polen verübt worden waren. Trotzdem hing meine Mutter eine riesige Landkarte in der Küche an die Wand. Sie verfolgte bei jeder OKW-Meldung aus dem Radio die Siegeszüge der Deutschen. Es verging kein Tag, an dem nicht die Siegesfanfaren zu hören waren; ich unterbrach meine Hausaufgaben, wir sangen: Denn wir fahren, denn wir fahren, denn wir fahren gegen Engeland. Deutschland war auf der Landkarte meiner Mutter ein kleines rosa Fleckchen, Rußland dagegen groß und grün, und Deutschland verschwand, wenn ich eine Hand darauflegte.

Durch die Wehrmachtsberichte lernten wir Geographie, zunächst die Städte in Frankreich, St. Quentin, Reims, Paris, die Küste der Bretagne und der Normandie, den Kanal zwischen Dover und Calais. Wir hatten keine Schwierigkeiten bei der Aussprache der französischen Namen, lernten danach die russischen Landstriche, die Ukraine, das Donezbecken, den Don, die Städte Sewastopol, Minsk, Kiew, Leningrad und Moskau kennen. Mama erklärte uns, wo der Ural liegt, hört Europa auf, beginnt Asien. Baku müssen die deutschen Soldaten erreichen, weil dort nach Erdöl gebohrt wird und sie keines haben. Sie war aufmerksam, stets gut unterrichtet und hörte ab und zu abends, wenn wir schliefen, den Sender BBC. Sie lauschte wöchentlich dem Kommentator Dr. Fritsche und stellte das Rundfunkgerät ein, wenn Dr. Goebbels oder der Führer eine Rede hielten. Die Erfolge der deutschen Kriegsmarine entgingen ihr nicht. Nur, was Bruttoregistertonnen waren, konnte sie mir nicht erklären.

Immer häufiger mußten wir nachts in den Keller hinunter, die

Feind-hört-mit-Parolen wurden eindringlich an die Wände geschrieben.
In den Kellern wurden Fluchtschächte gemauert. Hinter engen Lattenverschlägen hatte sich jede Familie Sitzgelegenheiten aus altem Gerümpel hergerichtet, die Frauen strickten während des Alarms und tauschten Kochrezepte aus, erzählten von der guten alten Zeit, als sie noch alles Markenfrei einkaufen konnten. Dann ging plötzlich das Licht aus, irgendwo hatte es die Leitung getroffen, die Gespräche verstummten, alles hielt die Luft an, man hörte das gepreßte Ein- und Ausatmen der vielen Menschen, einige hatten die Perlen der Rosenkränze in den Fingern und ließen eine nach der anderen am Faden entlanggleiten.
Viele Kinder verfielen der Sammelleidenschaft. Bilder aller Art wurden zu begehrten Tauschobjekten. Mein Bruder sammelte Postkarten, auf denen die Ritterkreuzträger abgebildet waren: Udet, Rommel, Keitel, Jodl, Prien, Dönitz. Außerdem brauchte er die Ansteckfiguren, die bei den Winterhilfswerksaktionen verkauft wurden. Bombensplittersammeln wurde Mode; kistenweise besaß mein Bruder die Übrigbleibsel der zerborstenen Sprengbomben, er sammelte sie mit Ausdauer, zerriß damit die Hosentaschen und tauschte seltene Exemplare gegen entsprechende Lockvögel ein. Eines Tages brachte er einen Blindgänger nach Hause.
Die Mädchen meiner Klasse kauften Postkarten mit den Schauspielern: Lilian Harvey, Willy Fritsch, Willy Birgel, Lale Andersen, Kristina Söderbaum. Dazu gab es noch die Bogen mit den Preßbildern, die Glanzbilder aus den Zigarettenpackungen und kleine Textilschmetterlinge. Vor dem Unterricht oder in den Pausen fanden jeden Tag Aktionen statt, bei denen Barockengel gegen Vergißmeinnicht, Maiglöckchen und Rosen gegen weiße Tauben eingetauscht wurden.
Mein Onkel, der Geschäftsmann, schickte meinen Vater mit einer Lieferung nach Litauen; seine Koffer wurden mit Anzügen, Wäsche und Schuhen vollgepackt. Zurückgekehrt, fragte ihn Mutter, wo er denn die Sachen, den Kofferinhalt, gelassen habe, nicht einmal seine Hausschuhe hatte er wiedergebracht, wo doch nichts mehr zu bekommen sei, noch nicht einmal auf Bezugsschein.
Die Leute haben mir einfach leid getan, die haben gar nichts,

überhaupt nichts, das kann man sich nicht vorstellen, die haben die Sachen nötiger gebraucht.
Mein Vater besuchte nun regelmäßig die Kurse der Handwerkskammer, um endlich seine Meisterprüfung abzulegen. Es wurde für ihn immer brenzliger, aber bisher hatte es sein Bruder verstanden, ihn wegen kriegswichtiger Aufträge u. k. stellen zu lassen. Die Meinungsverschiedenheiten zwischen den beiden Brüdern wurden häufiger, steigerten sich zu Zwistigkeiten. Papa sah kein Vorwärtskommen, mußte weiterhin im Blauen Anton an der Werkbank stehen, hauptsächlich aber mit dem elektrischen Schweißapparat die Konstruktionen zusammenschweißen. Der Inhaber aber machte sich keine schmutzigen Finger, er verhandelte mit den Auftraggebern, mit den Behörden, ging mit einflußreichen Leuten aus und leitete auf seine Art den Betrieb. Der Lohn meines Vaters stieg in den Jahren, die er bei seinem Bruder arbeitete, nur ganz gering. Mama sagte, du mußt dich wehren, sonst bleibst du ein armer Schlosser!
Vater ging es gesundheitlich nicht mehr gut. Durch das Schweißen holte er sich eine Vergiftung nach der anderen, da half auch der halbe Liter Milch nicht, der ihm am Tage zustand. Er bekam Anfälle und mußte ins Krankenhaus. Der Termin der Meisterprüfung rückte näher, danach versprach er sich einen gewissen Aufstieg und vor allem mehr Geld. Das Lernen für die bevorstehende Prüfung wurde noch komplizierter, da wir jetzt auch noch das Baby in der Wohnung hatten; zudem folgte ein Fliegeralarm dem anderen.
Meine Eltern beschlossen, daß sich Mutter mit uns dreien bei der Verwandtschaft auf dem Dorf einquartiere, bis Vater seine Prüfung hinter sich hatte. Ich wurde in der Schule vier Wochen vor dem Ende des Schuljahres abgemeldet und nahm in der einklassigen Dorfschule weiter am Unterricht teil.
Vater besuchte die Verwandten auf den Bauernhöfen nicht. Er war ständig unterwegs gewesen. Sie waren alle per Sie mit ihm und nannten ihn nur beim Nachnamen, auch wenn er nicht da war und sie von ihm sprachen. Er blieb ihnen fremd, fühlte sich nicht wohl bei ihnen und war nicht anerkannt. Die Bauern betrachteten sich als besitzende Klasse, selbst wenn sie nur mit einem wackeligen Kuhfuhrwerk ihr

dürftiges Sandäckerchen bestellten. Mein Vater war in ihren Augen ein Proletarier, ein Habenichts.
Sie verziehen meiner Mutter nie, daß sie einen Fabrikarbeiter geheiratet hatte. Du mit deinem Arbeiter, sagten sie. Sie mußte wie eine Magd geringgeschätzte Arbeiten verrichten. Mutter versuchte wiederum zu Hause, meinen Vater zu einem feinen Mann umzuerziehen. Zu allen möglichen Anlässen schleppte sie die teuersten Geschenke, die im Krieg noch aufzutreiben waren, erlesenes Porzellan, Seidenstrümpfe und ausgefallene Zimmerpflanzen, zu ihren Verwandten; sie wollte sich nicht lumpen lassen. Ich spürte zwar die Kluft, die zwischen den Grundbesitzern und meinem Vater lag, ärgerte mich aber, daß Mutter die schönen, seltenen Dinge, die mir auch gefielen, immer fort in das Dorf trug.

›Ohne Fleiß kein Preis‹ stand auf dem Überhandtuch in der Küche der Verwandten. Diesmal waren wir in der Mühle untergekommen. Das Haus war groß und unheimlich, es besaß viele ungenutzte Räume und einen feuchten, dunklen Keller mit einem tiefen Brunnen. Die Ställe standen voller Vieh, es gab einen Pferdestall mit Zugpferden und Stuten mit Fohlen, drei große Scheunen, eine für Heu, eine für Getreide und eine für das täglich frischgemähte Grünfutter. Unzählige Hühner flatterten am Morgen über den Hof, wenn vor der Mühlentür das Körnerfutter ausgeteilt wurde. Die Truthähne kollerten, stellten die Federn steif in die Höhe und bliesen sich auf. Der Gansert machte einen langen Hals und zischelte mir entgegen, wenn ich seiner Herde zu nahe kam. Im Haus waren alle Zimmer, im Gegensatz zu unserer Mietwohnung, sehr geräumig; alte, vom Schreiner gemachte Schränke standen an den Wänden, und in der Küche war Platz genug für den wuchtigen Ausziehtisch und ein Dutzend Stühle. Das Anwesen und der Garten waren von einer Mauer umgeben, von Bächen umflossen, ein Irrgarten für Kinder aus der Stadt. Beim Essen wurde streng auf die Sitzordnung geachtet: Der Herr saß oben auf seinem angestammten Platz an der Stirnseite, links die Frau, rechts der Sohn, darunter je nach Ansehen, das bedeutete nach Fleiß, die Mägde, die Knechte, die Tagelöhner. Das gelähmte Mädchen saß zwischen Vater und Mutter; vor jeder Mahlzeit sprach der Herr das Tischgebet.

Jeden Tag mußte ich nun mit dem Sohn des Müllers eine Stunde weit nach Sembach gehen. Da saßen in einem Zimmer die Schüler der Klassen eins bis vier und im zweiten die Schüler von der fünften bis zur achten Klasse. Ich war in der zweiten, konnte noch nicht lateinisch und noch nicht mit Federhalter und Tinte schreiben. Die Dorfkinder lachten mich deswegen aus, bisher hatte ich nur mit Griffel auf die Tafel geschrieben, nun lief die Tinte in Klecksen über das Heft. Wir sollten Schönschreibübungen machen, ich wußte nicht mit der Feder umzugehen, nahm sie umgekehrt in die Hand, bohrte Löcher in das Papier; meine Hände, meine Kleider, mein Gesicht, alles hatte Tinte aus dem Faß abbekommen, das vorn in der Bank eingelassen war.
Meine Mutter brachte für den Sohn des Müllers ein wunderbares Buch aus der Stadt mit, Till Eulenspiegel. Das Buch, bunt illustriert, übte eine ungeheure Anziehung auf mich aus. Die Seiten waren aus festem Glanzpapier. Ich wollte es, bevor es meine Mutter verschenkte, unbedingt lesen.
Die Betten waren so hoch über dem Boden, daß ich abends Angst hatte, ein Dieb oder ein Mörder liege darunter. Unter diesen Betten suchte ich mir einen hellen Platz, verschwand mit Till Eulenspiegel dorthin und las das Buch auf einmal aus. Wir fürchteten uns in der Mühle, wollten nicht allein schlafen gehen. Im Brunnenkeller trauten wir uns nur bis oben an die Treppe.
Als wir eines Morgens aufwachten, erklärte uns Mutter, daß das kranke Mädchen, das jeden Tag still am Tisch gesessen hatte, in der Nacht gestorben war. Tot, sagte sie, es kommt ins Grabloch auf den Friedhof. Sämtliche Spiegel im Haus und der Radioapparat wurden mit weißen Tüchern verhängt, die Uhren angehalten; wir durften nicht singen und lachen, uns nicht zu übermütigen Spielen hinreißen lassen. Die herrlichen Sommerblumen im Garten wurden abgeschnitten, meistens nur die Blütenköpfe. In einem leerstehenden Zimmer wurde der Sarg mit dem Mädchen auf vier Stühle gestellt und mit Blumen ausgeschmückt. Wir liefen auf Zehenspitzen durch das Haus und flüsterten nur noch. Eine Frau aus der Familie ging im Dorf von Haus zu Haus, sagte den überraschenden Tod des Mädchens an, suchte jeden Dorfbewohner auf und hieß ihn zur Beerdigung. An beiden Lorbeerbäum-

chen, die rechts und links vor der Haustür standen, wurden Blätter abgeschnitten. Am Tag der Beerdigung kamen viele Leute, klopften zaghaft an die Tür, traten mit ernster Miene und gesenktem Kopf in die Stube, trauten sich nicht fest aufzutreten. Acht Burschen, die so alt wie das gestorbene Mädchen waren, wurden geladen. Jeder von ihnen bekam ein paar Lorbeerblätter und eine Zitrone in die Hand. Sie trugen den hellen Sarg auf den Schultern hinaus auf den Leichenwagen, der von zwei Pferden in schwarzem Riemenzeug gezogen wurde.

Zur Beerdigung muß man sich dunkel anziehen, erklärte mir meine Mutter; ich trug das dunkelblaue Kleid. Der Zug mit den Trauernden setzte sich in Bewegung, der Leichenwagen fuhr voran. Wir gingen durch das Dorf und überall, beinahe vor jedem Haus, standen schwarzgekleidete Frauen und schlossen sich an. Wir kamen zum Friedhof, auf dem sämtliche Toten der beiden Dörfer seit jeher begraben worden waren. Er lag zwischen der alten Kirche und einem Bauernhof. Vier kräftige junge Männer stemmten den Sarg auf die Schultern, schritten gemessenen Schrittes den Sandweg unter den Platanen hinauf, Pfarrer und Trauerzug folgten. Die Leute stellten sich dicht nebeneinander um das offene Grab. Während der Predigt hörte man auf dem nahe gelegenen Bauernhof die Hähne krähen. Die Kühe hinter den schräg gestellten Stallfenstern zerrten an ihren Ketten. Die Sonne schien und es war überhaupt nicht traurig, aber viele Leute, besonders die älteren unter ihnen, weinten. Als die Glocken läuteten, wurde der Sarg auf dicken Stricken in das Grab gesenkt. Der Pfarrer nahm als erster den Spaten zur Hand und schaufelte drei Schippen roten Sand auf den Sarg. Nebenan standen Körbe mit Blumensträußen, die ebenfalls ins Grab geworfen wurden.

Ich konnte das laute Poltern des Sandes, wenn er auf dem hölzernen Sarg aufschlug, nicht hören und lief weg; das dumpfe Geräusch ließ mich erschauern.

In der Mühle gab es später Kaffee und Kuchen, aber nur Streußel und Kranz. Bei einem Leichimbs muß es trockener Kuchen sein, erklärte mir Mutter.

Am nächsten Tag war alles wieder vorbei. Wir gingen im Mühlteich baden. Das Wasser war schlammig und trüb, weil wir mit unseren Füßen den Grund aufgerührt hatten. Bevor wir ins Wasser gingen, verjagten wir Enten und Gänse, die auf dem Weiher schwammen und ihre Grütze hinterlassen hatten.

Am Ufer trieben Froschlaich und Kaulquappen; uns machte das nichts aus, wir fingen die kleinen Frösche und spielten mit ihnen. Als wir uns abgekühlt hatten, rannten wir auf die nahe Kaiserstraße und legten uns zum Trocknen auf den heißen Asphalt. Wir preßten unsere Ohren an die Fahrbahndecke und lauschten, bis wir ein näher kommendes Fahrzeug hörten, aber es kam nur selten eines.

Meine Mutter mußte bei den Erntearbeiten mithelfen, stellte die disteligen Garben auf und harkte die liegengebliebenen Ähren mit einem schweren Eisenrechen, den sie hinter sich herzog, zusammen.

Mutter litt unter Kopfschmerzen und unter Verstimmungen, die immer häufiger auftraten. Sie kam abends todmüde vom Feld. Die Zunge hängt mir auf dem Boden, sagte sie zu uns, ich bin so müde wie ein Hund. Sie fiel ins Bett.

Die Prüfung war geschafft, mein Vater meldete sich am Telefon. Es ging zurück in die enge Wohnung, zuerst ein Stück mit dem Omnibus, dann zwei Stunden stillsitzen im Personenzug, das einschläfernde Rattern, das gleichmäßige Holpern. Draußen flogen die windschrägen, apfel- und birnenschweren Bäume vorbei, in gleichen Abständen die Telegrafenmasten. Wir saßen am Fenster, Mutter hatte den kleinen Bruder auf dem Schoß. Gegenüber saß eine junge Frau mit einem Säugling. Sie erzählte, daß sie aus Berlin weggegangen sei. Dort sei die spinale Kinderlähmung als Epidemie aufgetreten. Ihr Kind quengelte während der ganzen Fahrt, nichts konnte es ablenken oder trösten. Meine Mutter versuchte, uns mit Spielen und Liedersingen zu unterhalten.

Kaum waren wir in Ludwigshafen, fieberte Franz und lag apathisch im Bett. Die Ärztin kam und stellte eine Lungenentzündung fest; am nächsten Tag konnte er seinen linken Arm nicht mehr bewegen und einen Tag später nicht mehr sein linkes Bein. Meine Mutter schloß sofort, daß dies nur Kinderlähmung sein könne. Das Kind mußte in die Isolierstation des Krankenhauses eingeliefert werden. Die Gesundheitspolizei rückte an und desinfizierte unsere Wohnung; ich

durfte nicht mehr zur Schule gehen, man behandelte uns wie Aussätzige.
Die Selbstvorwürfe meiner Mutter nahmen kein Ende, sie weinte unaufhörlich, weil sie es versäumt hatte, das Abteil im Zug zu verlassen, kein Mensch konnte sie beruhigen. Der ätzende Geruch des Desinfektionsmittels lag tagelang in der Wohnung, unsere Augen entzündeten sich.
Niemand durfte den Kleinen besuchen; erst als es ihm wieder besser ging, erlaubte man meiner Mutter, durch eine Glasscheibe einen Blick auf das Kind zu werfen. Später zeigte man ihn uns am offenen Fenster des Krankensaales. Wir standen außen im Hof und winkten und riefen ihm, er reagierte nicht.
Es wurde Weihnachten, Franz war immer noch in der Isolierstation. Meine Eltern bettelten bei dem Arzt, ihnen doch das Kind wenigstens über die Weihnachtstage nach Hause zu geben, die Ansteckungsgefahr sei längst vorüber. Da durften wir unseren Bruder am Heiligen Abend abholen. Er erkannte uns nicht mehr, war vollkommen fremd und schrie, sobald ihn jemand berührte. Franz konnte weder seinen Arm noch sein Bein bewegen. Wir machten uns Sorgen, weil wir Kinder kannten, die geschiente und steife Gliedmaßen von der Kinderlähmung zurückbehalten hatten.
Mutter begann eine Strategie zu entwickeln, mit der man vielleicht das Kind wieder gesund bekommen könnte. Sie lief vom Gesundheitsamt zur Heilgymnastin, war ständig von einer beratenden Stelle zur anderen unterwegs, niemand wollte oder konnte helfen, ein hoffnungsloser Fall. Das Kind lag zu Hause im Bett und weinte, war es eine Minute still, weinte meine Mutter. Ich war traurig, wenn die kurzen Schulstunden vorbei waren, wieder zurück in diese trostlose Umgebung zu müssen und froh darüber, an den Vormittagsstunden abgelenkt zu sein.
Nach sechs Wochen zeigte sich ein Hoffnungsschimmer. Mein Bruder wurde zu einem Spezialisten in eine orthopädische Klinik gebracht. Der Arzt versprach sein Möglichstes zu tun, damit das Kind wieder Arme und Beine gebrauchen und gesund werden könne.
Das ganze Frühjahr, der Sommer und der Herbst vergingen, ehe Franz wieder nach Hause geholt wurde. Er war wieder

gesund, konnte laufen, seinen Arm bewegen. Der Arzt hatte nicht zuviel versprochen, er hatte ihn durch eine spezielle Bewegungstherapie dazu gebracht, die kranken Glieder zu bewegen und damit die Lähmung zu überwinden.

Mein Vater, nun also geprüfter Schlossermeister, wollte seine Leistungen honoriert sehen und verlangte mehr Lohn. Da war er an den Falschen geraten. Sein Bruder bestritt, daß er nun mehr leiste und somit mehr Lohn verdiene, er mache immer noch die gleiche Arbeit wie vor der Prüfung.

Ohne mich kannst du deinen Laden dichtmachen, bildete sich mein Vater ein. Für dich bekomme ich zehn andere, die alle froh sind, nicht zum Barras zu müssen, sagte sein Bruder. Die Streitereien zwischen den beiden Brüdern spitzten sich immer mehr zu. Mein Vater wurde wegen seiner häufigen Anfälle, die er daraufhin bekam, in das Städtische Krankenhaus eingeliefert. Die Ärzte stellten fest, daß er sich diese Krankheit durch einen Sturz auf den Kopf in seiner frühen Kindheit zugezogen hatte und sein Leben lang damit behaftet sein werde. Daraufhin wurde kein Antrag mehr auf u. k.-Stellung meines Vaters eingereicht.

Zwischen Weihnachten und Neujahr erhielt er den Gestellungsbefehl. Er mußte sich am 1. Februar 1943 bei einem Truppenteil melden. Alle Kinder, deren Väter einen solchen Bescheid erhielten, wurden einen Tag vom Unterricht beurlaubt, damit sie ihren Vater zum Zug begleiten konnten. Es war selbstverständlich für mich, ich werde mit Vater zum Bahnhof gehen. Der Zug fuhr um sieben Uhr in der Frühe ab, meine Mutter versprach, mich rechtzeitig zu wecken.

Am anderen Morgen wurde ich wach, als mein Vater die Haustür hinter sich ins Schloß zog. Ich war untröstlich, konnte es meiner Mutter nicht verzeihen, daß sie mich nicht geweckt hatte, riß das Fenster auf und schrie vom fünften Stockwerk aus meinem Vater nach. Er drehte sich um und winkte. Es war so dunkel, daß ich es eigentlich nicht sah, daß ich es nur vermuten konnte.

9

Nun sitzen wir in der Falle. Unser Haus ist vermietet, da kommen wir vorerst nicht hinein. Was machen wir hier in der Großstadt? Dein Vater beim Militär und ich mit euch drei Kindern allein.

Meine Mutter war niedergeschlagen, erholte sich jedoch erstaunlich rasch und nahm nach fast vier Jahren der Abhängigkeit ihr Leben wieder selbst in die Hand. Das Geld dazu kam jetzt als Versorgungsbezüge aus der öffentlichen Kasse; sie konnte es nach ihrem Ermessen einteilen und verwalten. Ihre zurückgewonnene Freiheit benutzte sie zuerst dazu, ihre unterbrochenen Beziehungen zu den Bekannten unserer Heimatstadt wieder aufzunehmen und unsere Rückkehr vorzubereiten.

Dem jungen Ehepaar, an das die Wohnung im Parterre unseres Siedlungshauses vermietet war, wurde gekündigt. Im Ringtausch mit zwei weiteren umzugswilligen Paaren zogen wir Anfang Juli in unserem Häuschen in Kaiserslautern ein. Die Decken der Zimmer wurden frisch gekalkt, die Wände getüncht, alles mußte schnell vor sich gehen. Der Möbelwagen stand vor der Tür. Die Möbelpacker legten Tragegurte über die Schultern und trugen Schränke, Kisten und Kasten hinein, stellten sie vor die kahlen Wände. In ruckartigen Bewegungen stemmten sie den Tisch aus dem Kastenwagen und schafften ihn die Sandsteintreppe hinauf. Die Einzelteile der Betten standen schräg gegen die Wand gelehnt, die Matratzen stapelten sich in den Ecken. Kisten mit Geschirr und Hausrat standen aufgerissen in den Räumen. Ein Stück vom wäßrigblauen Himmel war in den vorhanglosen Fenstern zu sehen.

Ich dachte an meinen Vater. Er hatte uns aus der Landauer Kaserne geschrieben, wenn wir ihn besuchten, sollten wir ihm ein Glas Marmelade mitbringen, etwas Süßes. Mein Vater und ich hatten niemals Zeit gehabt, uns richtig kennenzulernen. Er hatte sich einen zweiten Sohn gewünscht, der so sein sollte wie ich. Was hatte das zu bedeuten?

... ich wollte, Du könntest jetzt bei uns sein, Deine Zeitung lesen und eine Zigarette rauchen. Wir gehen jetzt in Kaiserslautern zur Schule und haben einen viel weiteren Schulweg.

Jeden Tag müssen wir sehr früh aufstehen. Weißt Du noch, wie wir zusammen Maikäfer fangen waren? Wie geht es Dir? Ich weiß gar nicht mehr, wie Du richtig aussiehst ...

Ich konnte den Brief an meinen Vater nicht schreiben, die langen Ferientage über hatte ich vergessen, wie man das große L schreibt, es fiel mir einfach nicht mehr ein. Die rechte Hand mit dem Bleistift konnte die Bewegung nicht mehr nachvollziehen; von welcher Seite aus mußte man mit der Schlinge beginnen?

Ohne diese Buchstaben konnte ich den Brief nicht schreiben, er sollte doch mit ›Lieber Papa‹ beginnen, deshalb kam ohne großes L kein Brief zustande. Ich überlegte mir lange, übte auf einer linierten Schulheftseite und suchte zuletzt nach den vollgeschriebenen Heften im Schulranzen.

Hatte ich zuvor im Heimatkundeunterricht mit der Klasse das Rheinufer an der Parkinsel, den Winterhafen und den Luitpoldhafen erwandert, vom Schafhirten von Oggersheim, dem Dammbruch bei Oppau im Jahre 1882, von der Rheinschanze und von Schillers Flucht nach der Uraufführung der Räuber gehört, mußte ich nun vom Hemshof, vom Rhein und von Mannheim weg.

Nun hörte ich westpfälzische Geschichte. Der alte, grauhaarige Lehrer Müller, ein begabter, gutmütiger Pädagoge, blieb, weil er zu alt war, vom Wehrdienst verschont.

Jeden Morgen machte ich mich mit den Mädchen aus der Siedlung auf den halbstündigen Weg zur Luitpoldschule. Wir warteten an der Ecke aufeinander. Kichernd trottelten wir die Friedenstraße entlang. Kam das Uhrentürmchen oben auf der Schule in Sicht, – die Uhr zeigte wenige Minuten vor acht – rannten wir, übermütige Schreie ausstoßend, über die Mannheimer Straße in die Schule. Obwohl es schon spät und wir in Eile waren, versäumten wir nicht, einen Blick in das Schaufenster der Metzgerei zu werfen, wo die Gipskuh und das Schild ›ff-Fleisch- und Wurstwaren‹ standen, und wir jedes Mal in Gelächter ausbrachen. Es gab nichts, worüber wir nicht lachten.

Schwarze Katze von links bringt Glück, von rechts bedeutet Unglück; Krankenwagen begegnen bringt Glück, Leichenwagen dagegen Unglück; Stolpern mit dem linken Fuß kann nur was Gutes verheißen, beim Stolpern mit dem rechten Fuß

muß man umkehren, den gleichen Weg ohne zu stolpern wiederholen. Wer eine Augenwimper verliert, darf sich etwas wünschen; aber nur leise, für sich; wenn du den Wunsch laut äußerst, verliert er seine Kraft.
Samstags in der letzten Stunde nahm Herr Müller die Geige aus dem Schrank, stimmte sie umständlich, griff nach dem Bogen und fiedelte eine Melodie, die er zuvor ankündigte. Er unterrichtete alle Fächer in unserer Mädchenklasse, einschließlich Religion. Wir liebten ihn, seinen Rohrstock benutzte er nur zum Zeigen, höchstens zum Drohen. Häufig fragte er uns, was wir machen möchten. Er erzählte uns die gewünschten Geschichten von Franz von Sickingen, den pfälzischen Musikanten und dem Donnersberg. Er las sie uns vor und wir schrieben anschließend einen Aufsatz darüber. Wir lernten Rechtschreiben, das Einmaleins und Textaufgaben zu lösen. In den ersten viersitzigen Holzbänken saßen die Schülerinnen, die nach dem vierten Schuljahr, vierzehn Jahre alt geworden, die Schule verließen. Herr Müller holte sie oft an die Tafel und übte mit ihnen Malnehmen und Teilen.
Vergnügt machten wir uns auf den Nachhauseweg. Käthe sang ›Am Abend auf der Heide, da küßten wir uns beide‹ und ›Ich brauche keine Millionen, mir fehlt kein Pfennig zum Glück‹. Sie kannte eine Menge Jungen aus unserer Parallelklasse, war in viele von ihnen verliebt. Wir anderen sollten uns auch festlegen, mußten auswählen, wen wir uns als Schatz zulegen wollten, welcher uns am besten gefiel. Wir schrieben Briefchen und gaben sie Käthe mit, sie arrangierte den gemeinsamen Heimweg mit den Buben.

Dem Gebot meiner Mutter und meiner Großmutter folgend, grüßte ich alle Nachbarn, auch die weiter entfernt wohnenden, die ich nur vom Sehen kannte. Grüßen ist wichtig, darf man nicht vergessen, was denken denn die Leute von uns. Je nach Tageszeit sagte ich Guten Morgen, Guten Tag oder Guten Abend. Herr Stein an der Ecke entgegnete, indem er den Arm in der Ellenbeuge abknickte und eng am Körper hochschnellen ließ, Heil Hitler, mei(n) Maad. Ich legte es darauf an, ihn häufig zu grüßen, er reagierte immer gleich, jedesmal im selben Tonfall, jedesmal mit der gleichen Abgezirkelten Handbewegung, Heil Hitler, mei(n) Maad.

Die Luftschutzwartin ist zu grüßen, der Blockwart, Frauen, die beisammenstehen und tuscheln, alte Männer auf der Bank vor dem Haus und Leute, die im Vorgarten arbeiten.
Mein Bruder und ich hatten ein Paar Rollschuhe aus Ludwigshafen mitgebracht; die Straßen der Siedlung waren nicht asphaltiert, es waren aufgewühlte, rote Sandwege, die man samstags kehren und im Sommer, wenn es staubtrocken war, vorher gießen mußte. Wir liefen auf Straßen, die zur Innenstadt führten, jeder mit einem Rollschuh. Der Sandweg vor dem Haus war Spielplatz für die Kinder, Treffpunkt für die Frauen und Rentner am Abend. Hier wurden die neuesten Frontberichte diskutiert, die Erfolge der Wehrmacht bejubelt, der Einsatz der Wunderwaffe und der V 1 besprochen, auf die Berichte der Fronturlauber gewartet, Tauschmöglichkeiten für Frontgeld verhandelt, Hiobsbotschaften und Vermißtenmeldungen mit leiser Stimme mitgeteilt.
In einem nahe gelegenen Lokal wurde ein bunter Nachmittag für verwundete Soldaten organisiert. Die Siedlerfrauen plünderten die Blumen ihrer Vorgärten, buken Heidelbeer- und Rhabarberkuchen, suchten Schallplatten zusammen, bedienten in weißen, zierlichen Trägerschürzen die jungen, invaliden Männer. Sie strahlten sie aus ihrer hausbackenen Sauberkeit an und riskierten ein Lächeln, einen kurzen Flirt. Ich lief zwischen den Stühlen und Tischen der Gartenwirtschaft herum und hatte auch Appetit auf ein Stück von dem frischen Kuchen.

Sechs Wochen lang wurde mein Vater in Landau auf dem Ehrenberg zum Soldaten geschliffen. Er verglich das Leben in der Kaserne mit dem in einer Besserungsanstalt. Und es gab ein festes Programm: Stillgestanden! Die Augen gerade aus! Das Gewehr über! Im Gleichschritt marsch!
Er durfte nicht denken, was er wollte: Das Denken überlassen Sie den Pferden, die haben dickere Köpfe ...
Beim Kleiderappell schlug der Feldwebel mit der Gerte gegen die Uniformhose: Sehen Sie mich noch? Darunter verstand man Disziplin, mein Vater betrachtete dies als Schikane.
Die Unterhosen, die Hemden und die Taschentücher muß ich Eck' auf Eck' ins Spind setzen, berichtete er erregt. Die Wolldecke auf der Pritsche, wie mit dem Lineal gezogen sollen die

Kanten sein. Mir wollen sie das beibringen, mir, einem alten Brückenbauer! Die Adern an seinen Schläfen schwollen an. Seine Augen funkelten. Und das Zimmer jeden Abend beim UvD abmelden, Männchen bauen und den ganzen Zirkus über mich ergehen lassen. Was die sich einbilden! Das Affentheater! Da mach ich doch nicht mit!

Die Kameradschaft mit Männern fiel ihm nicht schwer, er war daran gewöhnt, schätzte Männergesellschaften, aber diesmal lebte er sich nicht ein. Als wir ihn besuchten, bevor er nach Frankreich an die Kanalküste verlegt wurde, schilderte er uns seine Eindrücke.

Wenn der Feldwebel einen auf der Latte hat, ist es mit ihm vorbei. Nicht auffallen, das ist das einzig Wahre. Und immer schön den Kopf runter! Ich bin doch kein Held! In wenigen Wochen hatte er eingesehen, daß Unauffälligkeit die einzige Möglichkeit war, ungeschoren davonzukommen.

In der Normandie sah er zum ersten Mal das Meer und schickte eine Ansichtskarte und einen Brief nach Hause, als Dokumente und Erinnerungsstücke für seine Kinder, damit das große Ereignis nicht in Vergessenheit gerate.

Der Krieg war schlimm für ihn; das einzige, was ihn daran tröstete, war, daß er nicht in die NSDAP einzutreten brauchte. Ihm fiel immer dasselbe ein: Wie sinnlos der Krieg ist. Er sah die Armut der französischen Fischer, die der normannischen Bauern auf dem kargen, unfruchtbaren Land.

Mit dem Motorrad brachte er Befehle aus den Bunkern der Etappe zu den Schützengräben und Stellungen in den vorderen Linien. Er sah, wie Offiziere über eine Zugladung mit Sekt- und Weinfässern herfielen, die Fässer mit den Seitengewehren aufstachen, sich sinnlos betranken und am anderen Morgen mit Wein rasierten. Er sah, wie sie den Bauern die Eier und die Hühner stahlen, die Stallhasen vor den Augen der entsetzten Besitzer abknallten.

Und die verlangen von mir, daß ich mich nach ihren Befehlen richte? Daß ich sie als Respektspersonen anerkenne? Ich laß mich doch nicht von schwarzuniformierten Schnöseln herumkommandieren, schimpfte er, als er auf Urlaub nach Hause kam. Er glaubte nicht einen Tag an den Sieg. Niedergeschlagen und deprimiert saß er herum und fürchtete sich von der ersten Urlaubsstunde an, wieder fort zu müssen, zurück-

zukehren ›zu dem Haufen‹, wie er sagte. Wenn die Soldaten alle so eingestellt wären wie ich, wäre der Krieg schon lange aus. An dem Aufbau des Systems ist nicht zu rütteln, überall sitzen Spitzel und Aushorcher. Was kann ich schon als einzelner mit meinem Widerspruch ausrichten? Die stellen mich einfach an die Wand. Wem ist dann mit meinem Protest geholfen? Mein Vater stützte müde den Kopf in die Hände, was er gesehen hatte, reichte ihm. Er holte tief Luft, setzte zum Sprechen an, schluckte dann doch den Satz, bevor er ihn aussprach, hinunter. Ich fühlte, daß er resigniert hatte.
Auch Mutter hatte ihre Meinung geändert. Wohin der nationalsozialistische Fortschritt führte, zeigte sich im Krieg. Die romantischen Fackelzüge waren angesichts der Fliegerangriffe längst erloschen, und Soldaten wurden anstatt für Aufmärsche nun an der Front gebraucht. Während der Nächte im Luftschutzkeller hatte Mutter nachgedacht. Wie eine Besessene hörte sie jeden Abend am Radio die Sendungen der BBC aus London. Sie war vorsichtig, die Stimme des Ansagers drang nur leise aus dem Gerät, und sie hielt ihr Ohr direkt vor die Stoffbespannung des Lautsprechers. Als Goebbels im Berliner Sportpalast die Frage stellte: Wollt ihr den totalen Krieg? Wollt ihr ihn, wenn nötig, totaler und radikaler, als wir ihn uns heute überhaupt vorstellen können? Da schrie sie wütend: Wer kann denn das noch verantworten? Ich begreife die Leute nicht mehr. Der Irrsinn des Krieges war ihr bewußt geworden, und sie zog den Schluß: Die dümmsten Kälber wählen ihre Metzger selber!
Anfang Juni 1944, eine Woche vor der Invasion der alliierten Truppen, wurde mein Vater wegen einer Venenentzündung am Unterschenkel, die er sich beim Motorradfahren über die löchrigen Feldwege zugezogen hatte, in ein Lazarett bei Paris gebracht. Er mußte mit dick umwickeltem Bein in den heißen Sommertagen im Bett liegen. Die Kaserne schien leer und ausgestorben, alle Soldaten waren nach Norden zur Abwehr der Invasionstruppen kommandiert worden.
Vielleicht waren es nur die lange Schlaflosigkeit und die Schmerzen – er war durch sein entzündetes Bein schon längere Zeit nervös –, daß in seinem Gehirn ein Film ablief. Er sah sich nach dem Krieg ohne Arbeitsstelle und ohne Einkommen dastehen. Er schloß die Augen, sank minutenlang in

Betäubung, schreckte sofort wieder auf, versuchte die Augen zu öffnen, wollte wach werden und schrie unverständliche Laute. Wo bin ich? Der Arzt wurde herbeigerufen, er kam und untersuchte ihn: Wahnsinn? Mein Vater ballte die Hände vor Anstrengung, formte mit den Lippen die Worte, die er sagen wollte. Im Halbschlummer, rasend vor Angst, wollte er dem Arzt klarmachen, daß er nicht wahnsinnig war. Ein Krampf hatte ihn gelähmt; ein Anfall, von der Narbe am Kopf hervorgerufen, er entsann sich an die Untersuchung im Krankenhaus Ludwigshafen. Zu sich gekommen, setzte er sich im Bett auf und versuchte seiner Lage Herr zu werden. Heimweh nach seinen Kindern stellte sich ein, dankbar hielt er diesen Gedanken fest. Aber bald kapitulierte er wieder, griff zum Alkohol und vegetierte nächtelang dahin, ohne nachzudenken. Bevor der Arzt Vater entließ, sagte er ein paar ernste Worte zu ihm: Reißen Sie sich zusammen, Mann! Haben Sie mich verstanden? Vater wurde in eine Panzerreparaturwerkstatt versetzt.
Den ersten Ausgang nach seiner Krankheit benutzte er dazu, ins Kino zu gehen. Er kehrte erst nach dem Zapfenstreich zur Kaserne zurück und wurde wegen mangelnder Disziplin zu drei Tagen Arrest verdonnert. Ein Ausgehverbot folgte. Danach geriet er mit den Kameraden in Debatten über die Zerstörung der deutschen Städte und hatte Angst, daß er sich verdächtig gemacht habe. Die jungen Soldaten lachten ihn aus.
Er sah sich Paris an, das Versailler Schloß, fuhr mit der Metro und war begeistert. Er lernte schnell etwas Französisch, bestieg den Eiffelturm, besichtigte Nôtre-Dame und Sacré Cœr, sandte von allen Plätzen Postkarten nach Hause für seine Kinder.

10

Im Schlafzimmer meiner Eltern hing über dem Doppelbett ein großes quadratisches Bild. Es hieß Madonna mit Kind und war die in Öl gemalte Kopie eines alten Meisterwerks. Das Bild zeigte eine südländische Frau in grüngelbe Gewänder gehüllt, mit braunen, fließend langen Haaren um ein ova-

les Gesicht und einem kleinen lockenköpfigen Kind im Arm, das in die gleichen grüngelben Tücher gewickelt war.
Das Bild regte meine Neugier an, zumal wir Kinder, nun da das Bett meines Vaters leerstand, abwechselnd ab und zu darin schlafen durften.
Ich war von jeher überaus naseweis. Meine Mutter ärgerte sich über meine indiskreten Fragen, die ich ihr und fremden Leuten stellte, und schämte sich, daß sie ein solches Kind hatte. Sie zwang mich während meiner Kinderjahre, diese Eigenschaft zu unterdrücken. Ich konnte mich jedoch in dieser Hinsicht schlecht beherrschen. Sobald ich irgendeinem Geheimnis auf der Spur war oder mich darauf glaubte, stellte ich Fragen, bohrte so lange, bis mir alles offengelegt und erklärt wurde.
Die Art meiner Mutter, mir etwas verschweigen zu wollen, muß meine Neugier nur noch mehr angestachelt haben. Sie wollte mir nicht sagen, von wem sie das Bild hatte. Häufig abends, vor dem Einschlafen und jeden Morgen vor dem Aufstehen, wer hat das Bild gemalt, wer hat es dir geschenkt, wo hast du es her?
Wer ist die Frau und das Kind?
Komm, du mußt jetzt aufstehen, die Schule wartet nicht; sie gab mir keine Antwort.
Jetzt schlafen wir, es ist Zeit, viel zu dunkel, um auf dem Bild jemand zu erkennen. Sie vertröstete mich, hielt mich hin, wich einer Antwort aus.
Obwohl meine Mutter sämtliche Wände der Wohnung mit Ölbildern behängt hatte, erzählte sie mir nicht, was es mit ihrem Hang zur Malerei auf sich hatte. Auch die gesammelten Werke von Heinrich Heine, ledergebunden und mit Goldschnitt, standen weggeschlossen im Wohnzimmerschrank.
Zu meinem neunten Geburtstag schenkte man mir vier Sagenhefte, es waren meine ersten Bücher. Ich freute mich über jedes einzelne. Die Heftchen vom Bayrischen Sagenhort waren in altdeutscher Schrift geschrieben und mit einfach gehaltenen Sagen aus der Vorderpfalz, dem Wasgau, Sagen des Zweibrücker Landes und Sagen um Kaiserslautern und Donnersberg gefüllt. Ich las die Bücher immer wieder, so oft, bis ich alle Sagen auswendig konnte. Die Bauern auf Neuleiningen, die nächtliche Überfahrt, die lederne Brücke, der wilde

Kaspar von Spangenberg, der Überfall auf die Rietburg, alle Gestalten darin waren bald gute Bekannte von mir, sie tauchten in meinen Nächten auf und versetzten mich in eine andere Welt.
Das große Doktorbuch, sobald die Glastür des Wohnzimmerschrankes unverschlossen war oder ich den Schlüssel dazu irgendwo ausfindig machen konnte, schleppte ich es heimlich weg. Dieses Buch meiner Kindheit, dick und schwer, mit einer Hand konnte ich es nicht packen; ich sehe nicht nur die goldene Schlange darauf, ich rieche den Ledereinband, es faszinierte mich.
Da lag ich nun in meinem Versteck unter den Ziegeln auf dem Bauch, wagte kaum zu atmen über den farbigen Bildern der weiblichen und männlichen Körper, blaugeädert, die man schichtweise auseinanderklappen konnte. Durch die Ritzen der Holzbretter am Giebel drang das spärliche Licht, aber im Halbdunkel suchte ich und fand, was mich so sehr interessierte, was mich fesselte, dieses neue Kapitel: das Geschlecht des Menschen. Ich besorgte mir das Buch immer wieder.
Mutter hielt mich an, Briefe an meinen Vater zu schreiben, steckte sie zu den ihren in den Umschlag und sagte, Papa wird sich freuen, aber darüber hinaus gab sie mir wenig Anregungen. Sehr früh ließ sie mich alleine entscheiden, sah selten meine Hausaufgaben durch. Ging etwas schief, hatte ich es selbst zu verantworten. Sie trieb mich nicht an, in der Schule besonders fleißig zu sein, baute keine unerreichbaren Ziele vor mir auf; sie ließ mich aufwachsen, ohne sich als Vorbild in den Vordergrund zu stellen. Ich litt darunter, glaubte, daß ich meiner Mutter gleichgültig sei, bis ich viel später erkannte, wieviel Selbständigkeit im Denken und Handeln ich dadurch erreichte.

Am 7. Januar 1944 erlebte Kaiserslautern zum ersten Mal einen Fliegerangriff am hellichten Tag. Kurz vor der Mittagszeit heulten die Luftschutzsirenen. Niemand schenkte ihnen große Beachtung, die Schulferien über die Weihnachtsfeiertage und Neujahr waren noch nicht beendet. Plötzlich heulten Flugzeugmotoren auf. Unheimliches Rauschen, ein Zischen und Singen zerschnitt die Luft, Detona-

tionen erfolgten kurz hintereinander. Dunst und Staub quollen über der Stadt.
Bomben! schreit meine Mutter. Vor Schreck erstarrt, wissen wir nicht, was wir tun sollen. Wir werfen uns auf den Küchenboden, legen die Hände über den Kopf.
Achduallmächtigergott, rufen die Frauen. Leises Gewimmer von uns Kindern. Pfeifen, Grollen, dann wieder Explosionen. Wir bleiben liegen, still und regungslos. Keine Zeit zum Nachdenken, atemlos bleiben wir auf dem Fußboden ausgestreckt, auf die Geräusche von draußen konzentriert. Der Topf auf dem Herd läuft zischend über, Flüssigkeit perlt über die heiße Herdplatte, tropft vorn herunter.
Erst die Entwarnung löst uns aus der Starre; wie lange hat das Ganze gedauert?
Vorsichtig öffnen wir die Haustür, schauen hinüber zum Nachbarhaus. Menschen bewegen sich ängstlich hinter den Fensterscheiben, Entsetzen in den aufgerissenen Augen. Sie öffnen die Tür, rufen herüber, wir rufen hinüber, wo hat es eingeschlagen? Was wurde getroffen?
Leute laufen auf die Straße, rennen bis zur Kreuzung, die ersten kommen ihnen aus der Stadt entgegen, geben in kurzen abgehackten Sätzen Bericht über das, was sie wissen, vage und ungenaue Angaben, halb Vermutung, halb Wahrheit.
Wie ein Lauffeuer verbreitet sich die Nachricht, daß die enge Unterführung in der Friedenstraße, die Verbindung zur Innenstadt, einen Volltreffer abbekommen hat. Die Straße füllt sich mit Menschen. Manche heulen, schreien, kreischen ihre angestaute Angst heraus, den Schreck, der noch nicht von ihnen gewichen ist. Sie weinen und ängstigen sich um die Angehörigen, die in der Stadt arbeiten oder unterwegs sind.

Wenige Tage später beginnt der Unterricht. Notdürftig wird ein schmaler Durchlaß in den Trümmerhauf der Unterführung geschaufelt. In die Steinmauer auf der rechten Seite meißeln die Angehörigen des bei dem Angriff ums Leben gekommenen Mädchens ein Kreuz und die Initialen der Toten, E. P., ein. Ich fürchte mich jeden Tag auf dem Hin- und Rückweg vor dem engen Durchgang, schaue im Vorübergehen auf das Kreuz, es schaudert mich. Ich nehme einen Anlauf, renne so schnell ich kann hindurch. Tage danach sind wieder die Schienen über die Brücke verlegt. Man sieht den Zug, seine Räder, den weißen Dampf; heißes Wasser tropft herunter. Hoffentlich hält die Brücke, bricht sie nicht eines Tages zusammen, wenn ich gerade durchlaufe.

Der Lehrer und meine Mutter bleuten uns ein, bei Fliegeralarm nur ja die Schule, die Straßen der Innenstadt zu verlassen, die Brücke hinter uns zu bringen und unter den hohen Kastanienbäumen der Friedenstraße Schutz zu suchen.

Der Fliegerangriff kostete vielen guten Bekannten das Leben; wir erlebten die Trauer um sie, das Unglück beherrschte wochenlang die Gespräche der Bürger, die Menschen wurden stiller, in sich gekehrter und nachdenklicher.

In den Häusern wurden die Luftschutzkeller nochmals überprüft, außen mit Splitterschutz versehen, die Verdunkelungsvorrichtungen ernster genommen. Der Luftschutzwart ging bei einbrechender Dunkelheit durch die Straßen, stellte sich dicht unter die Fensterläden, kontrollierte, schikanierte, wußte alles besser.

Beim ersten Sirenenton sprang jeder aufgeschreckt in den Keller, ließ alles stehen und liegen. Wir brachten Koffer, Taschen und Essensvorräte nicht mehr aus dem Keller herauf, damit wir nicht jedesmal wieder alles mit uns schleppen mußten. Meiner Mutter schlug das Sirenengeheul auf Magen und Darm. Sie saß beim schwersten Angriff auf dem Abort, Großmutter stand auf den Stock gestützt im Kellergang, zwischen der gemauerten Treppe und der Außenwand, stieß vor Aufregung dauernd mit dem Gehstock auf den Zementfußboden und rief schrill nach ihrer Tochter.

Mit Lumpen und gebrauchten Jutesäcken waren im Luftschutzraum Bänke und Pritschen gepolstert, auf denen wir Kinder schlafen konnten. Manche Nächte verbrachten wir im Halbschlaf in den Kleidern auf diesen Lagern, unter dem schwachen Licht, von Geräuschen aufgeschreckt, von kurzen Lageberichten der Mutter wachgerufen.

Die Kellerfenster waren von innen mit laubgefüllten Säcken zugestopft, von außen mit massiven Brettern zugestellt. Überall in den Kellerräumen standen schwere Hacken, Pikkel und Schippen, damit wir uns im Notfall freischaufeln konnten. Die Kerzen steckten in Flaschenhälsen, die Zündhölzer lagen daneben, der Strom wurde häufig unterbrochen oder abgestellt.

Am Morgen schleppten sich mein Bruder, der damals die zweite Volksschulklasse besuchte und ich in die Schule, immer von der Angst besessen, daß es Alarm geben könnte. Sobald der erste Ton vom Schuldach schallte, schnappten wir den Mantel, warfen den Schulranzen auf den Rücken und verließen, so schnell wir konnten, das Schulgebäude. Mein Bruder wartete am Hoftor auf mich, wir faßten uns an den Händen und liefen, ohne auch nur einmal stehenzubleiben, ohne uns umzuschauen auf dem nächsten Weg zur Stadt hinaus.

Wir hatten Anweisung, bei Bombenalarm im erstbesten Haus Unterschlupf zu suchen, und häufig mußten wir auf halbem Weg in irgendeinem Keller verschwinden.

Am 23. April gab es innerhalb von vierungzwanzig Stunden achtmal Fliegeralarm, die Kasernen oberhalb unseres Wohngebietes, die Autobahn, die Brücken, die Eisenbahnlinien waren wiederholt Angriffsziele der feindlichen Flugzeuge.

Der Lehrer bestellte meine Mutter und schlug ihr vor, mich die Aufnahmeprüfung für die höhere Schule machen zu lassen. Sie schrieb meinem Vater, man ließ mich teilnehmen. Ich ging allein in die fremde Schule, schrieb das Diktat, den Aufsatz und löste die Mathematikaufgaben, unterzog mich der Turnprüfung und bestand. Ich brauchte nicht an der mündlichen Prüfung teilzunehmen. Danach fühlte ich mich sehr erwachsen. Obwohl an diesem Tag warmes trockenes Sommerwetter herrschte, trug ich meinen Regenmantel und meine Umhängetasche aus Paris und hatte meine Füße in die viel zu engen, roten Kunststoffsandalen gezwängt, die mir Vater geschickt hatte.

Der letzte Schultag vor den Sommerferien war da. Im Schulhof stellten sich die Schüler klassenweise auf; von der ersten bis zur achten Klasse standen sie zwei und zwei, in Reihen hintereinander, geordnet nach Größen und mit dem jeweiligen Lehrer an der Spitze. Rings um den Schulhof hohe Fahnenstangen, vorn im Schatten stand das Rednerpult, die Schüler schauten nach Osten in die Morgensonne. Die Abschlußfeier begann pünktlich. Es war ein herrlich warmer Sommertag, ein unbewölktes Himmelsviereck hing über dem

freien Platz zwischen den altstädtischen Häusern. Die Fahnen wurden hochgezogen, die Schüler sangen, den rechten Arm zum Hitlergruß ausgestreckt, drei Strophen. Dann folgte eine Ansprache, sie hallte von den hohen Hauswänden zurück, donnerte im Viereck, der Arm blieb gestreckt, wurde müde, das nächste Lied, der Arm blieb gestreckt, die Sonne blendete, unserem Führer Adolf Hitler ein dreifaches Sieg, Heil ... Heil ... Heil. Hoffentlich geht das Ganze bald vorbei, mein Arm war eingeschlafen, fühlte sich abgestorben an.
Die Lehrer teilten die Zeugnisse aus:

Volksschule Ludwigshafen/Rhein
Bewertungsheft
Treue, Opferwilligkeit,
Verschwiegenheit
sind Tugenden,
die ein großes Volk nötig braucht. ›Mein Kampf‹

Halte dein Blut rein.
Es ist nicht nur dein.
Es kommt weit her.
Es fließt weit hin.
Es ist von tausend Ahnen schwer.
Und alle Zukunft strömt darin.
Halte rein das Kleid
Deiner Unsterblichkeit. ›Will Vesper‹

11

Freie Schultage, Ferientage, werden genutzt. Ich stehe am Herd und lerne kochen.
Großmutter bringt mir bei, eine Gemüsesuppe zuzubereiten; zuerst das Gemüse putzen, dann kleinschneiden, waschen, in den Topf schütten und Wasser dazugeben, kochen lassen, würzen, zum Schluß eine Einbrenne machen.
Deine Mutter ist oft unterwegs, kommt müde und abgehetzt mit dem Fahrrad nach Hause, ich bin alt, jetzt wird es Zeit für dich, du bist groß genug und kannst mich jetzt ersetzen. Aber draußen ist Sommer und so viel los!

Die Nachbarskinder spielen barfüßig Völkerball auf der Straße. Meine Brüder klettern auf Kirschbäume, versuchen die unreifen Johannisbeeren, probieren die herben, haarigen Stachelbeeren, wenden die Blätter der Erdbeerstöcke nach den letzten Früchten um, turnen an der Teppichstange; ich möchte so gerne hinaus und mitmachen!

Erst am Nachmittag, wenn das Geschirr gespült und abgetrocknet ist, darf ich gehen. Und dabei ekele ich mich, meine Hände in die lauwarme, fettige Brühe zu stecken und das verschmierte Geschirr abzuwaschen.

Ungerecht, von den Buben braucht nie einer zu helfen!

In der Zeitung steht, daß die Heidelbeerernte am 1. Juli beginnt und die Wälder von diesem Zeitpunkt an freigegeben sind. Daraufhin beschließt meine Mutter, daß wir morgen gehen.

Aufstehen, wenn die Sonne noch hinter den blauen Kiefern im Wäldchen steckt, anziehen, heute die ältesten Klamotten. Schnell eine Scheibe Brot mit der flüssigen Johannisbeermarmelade bestreichen, es gibt immer die gleiche. Wir beladen den hölzernen Handwagen mit zwei Eimern, einer großen Tasche mit dünnbelegten Broten, einer Flasche mit kaltem Pfefferminztee ohne Zucker und einer Flasche mit verdünntem Himbeersirup, kleinere Gefäße mit einem Henkel zum Anhängen kommen noch mit; Regenbekleidung wird vorsorglich eingepackt. Wir ziehen den Leiterwagen gemeinsam zur Stadt hinaus, über staubige Wege in weit entfernte Waldabteilungen. Die ersten Steinchen schaffen sich zwischen die Strümpfe und die Schuhe, sie erschweren das Gehen.

Mutter meint, ich solle nicht so oft stehenbleiben, um die Steine aus den Schuhen zu entfernen, sonst würde es zu spät und andere seien vor uns in der Heidelbeerhalde. Wir müssen uns beeilen. Unterwegs begegnen uns noch mehr Frauen mit Kindern, zum Teil haben sie alte Kinderwagen als Transportgefährte, zum Teil klapprige Fahrräder.

Auf dem Eingangsweg zum Wald sammeln sich immer mehr Pflücker. Keiner redet mit dem anderen oder verrät sein Ziel, jede Heidelbeerfläche muß ein Familiengeheimnis bleiben; auf abenteuerlichen Umwegen begeben sich die Familien dorthin. Wir gehen schon bald eine Stunde, wollen zum Heiligenbergtunnel und haben immer noch ein Stück vor uns.

Der Wald riecht feucht und frisch nach Tau und Erde; die schmutziggrauen Stengel des wilden Wermuts, die sandbehangenen Schafgarbenblüten, die lochblättrigen Stauden des Johanniskrautes stehen am Weg. Die Gräser hängen voller Tautropfen, die Birkenstämme glänzen im farblosen Licht des Morgens.
Endlich kommen wir an, packen unsere Brechgefäße aus, binden sie mit einem Stoffband so um die Taille, daß sie beim Bücken vorn am Bauch lose herunterbaumeln und sich mit beiden Händen die Heidelbeeren leichter einfüllen lassen.
Schau, hier die Beeren, wie groß, wie dick, aber gegessen werden keine, die brauchen wir alle für den Winter.

Nach zwei Stunden schmerzt das Kreuz; wenn ich die Augen für kurze Zeit schließe, sehe ich nichts als Heidelbeeren. Alles ist blau!
Wir packen die Brote und den Tee aus, setzen uns unter eine Kiefer auf Kleidungsstücke, kauend erzählen wir, hoffentlich gibt es keinen Alarm, geht Großmutter mit den zwei Buben rechtzeitig in den Keller.
Ich möchte mich auf den Rücken legen; nichts gibt es, weitermachen!
Keine Heidelbeeren in den Mund. Wehe, wenn die Zähne oder die Lippen blaue Spuren tragen! Die Beeren kommen in den Eimer, sie werden nach Schoppen gemessen. Es gibt Leute, die schaffen dreißig bis vierzig Schoppen an einem einzigen Tag. Soviel pflücken wir beide zusammen nicht. Meine Mutter stachelt mich an, sie einzuholen, der Ehrgeiz packt mich.
Um ein Uhr hören wir die Sirenen aus der Stadt jaulen. Wir legen uns unter die dichten, dünnblättrigen, vielarmig übereinanderragenden Buchenäste. Durch die Zwischenräume sehen wir mit bloßen Augen die vorüberfliegenden Flugzeuge, versuchen sie zu zählen, während wir flach auf dem angewärmten Waldboden liegen.
Als das monotone Brummen aufhört, packen wir die restlichen Brote aus, vertilgen sie mit großem Appetit, sitzen nebeneinander, trinken den süßlichen Himbeersirup aus der Flasche. Die Finger kleben, Fliegen und Stechmücken schwirren um uns herum, setzen sich an die Wasserflasche,

auf die freien Stellen der Arme und Beine, auf die verschwitzte Stirn. Wir versuchen sie abzuwehren, aber sie kommen immer wieder.
Wenn die Mücken toben, gibt es ein Gewitter; aber wir wollen erst am Abend nach Hause gehen, wenn es kühler wird und die Tiefflieger uns nicht mehr mit ihren Bordkanonen verfolgen können.

Wir bleiben sitzen, Mama beginnt zu erzählen. Sie spricht über ihre Kindheit, den Ersten Weltkrieg, die Hungerjahre danach, wie sie als kleines Mädchen auf dem Bauernhof arbeiten mußte. Sie glaubt, ich sei nun langsam erwachsen, könne Verschiedenes für mich behalten, hat das Bedürfnis, mit jemandem zu sprechen, kommt ins Erzählen, zuerst stockend, dann immer fließender bricht vieles, was sich in ihr angesammelt hat, aus ihr heraus. Sie erzählt von den Gemeinheiten ihres Lehrherrn, von der Zeit als Kindermädchen bei der Familie in Mannheim, als sie ihre aufgerissenen, spröden Hände vor den vornehmen Damen versteckte; daß man sie mit goldenen Ketten und edelsteingeschmückten Ringen, die man überall herumliegen ließ, auf die Probe stellte.
Dann wollte sie endlich unabhängig sein, selbständig werden, wollte eigenes Geld verdienen und suchte sich nach dem vereinbarten Jahr eine Stelle und nahm sich ein Zimmer.
Die zwanziger Jahre waren angebrochen und wirkten mit ihrer gespielten Heiterkeit überwältigend auf meine Mutter. Sie wollte mittun, dabeisein, sich nichts entgehen lassen, nicht zu kurz kommen im Leben.
Von dem ersten selbstverdienten Geld kaufte sie sich modische, kurze Kleider, Hüte und Schuhe und ließ sich einen Bubikopf frisieren.
Ich erinnere mich an das Fotoalbum; viele Bilder meiner Mutter in gestellten Posen: mit den Schultern rückwärts an eine Mauer gelehnt, die Augen verträumt, als schaute sie in eine ferne Landschaft. Auf einem Diwan mit türkisch gemusterter Velourdecke liegt sie, die Zigarettenspitze in den Fingern, ein Rassehund streckt sich auf einem Fell davor aus.
Erzähl mir davon! Wer hat die Bilder aufgenommen?
Das weiß ich nicht mehr, das ist schon zu lange her!
Das Album ist groß und dick, hat viele weiche Blätter, vollge-

klebt mit Fotografien in bräunlichem Gelb. Dazwischen die Fließpapiere, die man beim Umblättern mit der flachen Hand glattstreichen muß, damit sie nicht knittern. Wenn ich krank war und mich langweilte, gab sie mir den Fotoband ins Bett. Auch eine kolorierte Fotografie: Mutter als bändergeschmückte Mandolinenspielerin auf dem Maskenball. Ihr braunes Haar, ihr volles romantisches Gesicht und ihre braunen Augen, sie wirkte nicht maskiert.
Sie hatte Schwierigkeiten gehabt, den Richtigen zu finden. Alle nahmen Anstoß, weil sie keinen Vater vorzeigen konnte, keine gutbürgerliche Familie im Hintergrund hatte. Sie erträumte sich eine.
In Gesangvereinen, Wanderclubs und im Büro fand sie Anschluß an junge Leute; sie machte Faschingsveranstaltungen mit, unternahm Ausflüge, suchte lebenshungrig nach den bisher nicht gekannten, nicht erlaubten Möglichkeiten. Sie bahnte Freundschaften mit Frauen und Männern an, die nichts von ihrer Herkunft wußten, die sie anerkannten und sie bewunderten.
Der Eichelhäher, von der Stimme meiner Mutter aufgeschreckt, schreit Warnrufe in den Nachmittag.
Sie habe sich mit ihrer Mutter schämen müssen, weil sie so unordentlich und armselig gekleidet gewesen sei, erzählt sie weiter. Ihre Mutter habe kein Geld für Unnötiges ausgegeben, keines für Kleider oder gemütliche Möbel, nichts für Dinge, die das Leben angenehm und schön machen.
Deshalb ihr Wunsch nach einer Traumwohnung mit Nußbaummöbeln, echten Marmornachttischlampen, Velourdekken und Plüschkanapee.

Fotografien von ihr: In der zur Loggia umgestalteten Veranda sitzt sie in geflochtenem Korbmöbel, trinkt Tee aus chinesischem Porzellan; sie liegt in einer Hängematte unter Trauerweiden.
Ab und zu bekämpft sie ihre starken Kopfschmerzen mit fest um den Kopf gebundenen Tüchern im dunklen Zimmer.
Kennst du das Land, wo die Zitronen blühen? Kennst du es nicht? Ihre Sehnsucht nach Italien, nach Kunst. Eine Traumwelt in ihr, die sie sich aufgebaut hatte.
Du bist wie eine Blume, so hold, so schön, so rein, / ich schau

dich an und Wehmut zieht mir ins Herz hinein. / Dieses Lieblingsgedicht meiner Mutter kann ich heute noch auswendig, so häufig deklamierte sie es.
Mit einer Studienreise, die sie nach Mailand, Pisa und Rom brachte, versuchte sie ihre Träume zu verwirklichen.
Und ihre Angst und ihre Abscheu vor Friedhöfen! Vor nichts bekam sie einen größeren Schreck, als allein auf einen Kirchhof zu gehen oder allein am Abend oder bei Nacht daran vorübergehen zu müssen. Auch Zypressen, die ihrer Ansicht nach Friedhofsbäume waren, mochte sie nicht.
Weißt du, daß ich meine Mutter nicht mit Mutter anreden durfte? sagt sie unvermittelt zu mir. Wir waren wie Fremde, das Wort Mutter kann ich nicht mehr aussprechen.
Das Wort Vater denkt sie nicht.

Aber mit uns beiden soll es nicht soweit kommen!
Doch niemals eine Berührung, kein Kuß, keine Zärtlichkeit zwischen uns beiden, Mutter und Tochter, niemals kommen wir einander näher, keiner wagt den ersten Schritt hin zum andern, die Zugbrücken werden nicht heruntergelassen. Ich hatte verständig, vernünftig und verantwortungsvoll zu sein. Die Älteste muß sich in der Gewalt haben und mithelfen.
Dafür aber Weihnachten: Mutter liebte die dunklen, geheimnisvollen Tage der Adventszeit. Am Abend löschte sie das elektrische Licht und zündete die Kerzen am Adventskranz an; erzählte uns das Märchen von dem kleinen Mädchen mit den Schwefelhölzern und die Geschichte von dem Mädchen, das für seine Stiefmutter Erdbeeren unter dem Schnee suchen mußte.
Die unruhigen Lichter, die Taschenlampen und die Sturmlaternen, die sich am Kasernenneubau schemenhaft bewegten, waren die Lämpchen der Wichtelmänner und Zwerge.
Tagelang wurde gebacken, Sterne, Monde, Blumen und allerhand Tiere aus Teig ausgestochen und mit bunten Zukkerperlen kunstvoll verziert in den Herd geschoben. Wunschlisten wurden aufgestellt und Träume, die sie in mir erweckt hatte, wurden aufgeschrieben.
Am Heiligen Abend schloß sie sich im Wohnzimmer ein, verhängte die Glasausschnitte der Türen mit Tüchern und Wolldecken. Den Tannenbaum schmückte sie mit bunten Glasku-

geln, in denen sich das Licht der brennenden Kerzen spiegelte. Sterne, Silberkränze und vergoldete Nüsse funkelten um die Wette. Ein Rauschgoldengel schwebte unterhalb der Baumspitze. Von Lametta und vom Engelshaar eingehüllt, war beinahe kein Tannenzweig mehr zu sehen. Die Stubentür blieb verschlossen, bis das Glöckchen zur Bescherung rief. Schaukelpferd und Puppenküche standen unter Leintüchern verborgen. Verschnürte, unter dem Baum liegende Geschenkpäckchen verbargen Überraschungen.
Gedichte wurden vorgetragen: Denkt euch, ich habe das Christkind gesehen; Vom Himmel in die tiefsten Klüfte ein milder Stern hernieder lacht.
Alle bekannten Weihnachtslieder wurden auswendig gesungen: O Tannenbaum, o Tannenbaum; Stille Nacht, heilige Nacht ganz zum Schluß.
Dann war Bescherung, die Geschenke wurden verteilt, eine Menge großer und kleiner Dinge für die Kinder; ein traumhaftes Fest von ihr gestaltet und inszeniert, für sie unentbehrlich und wichtig.

Die Sonne stand schräg im Westen; der Wald wurde ruhig, wir packten unsere Sachen zusammen, luden sie ein. Ruckartig zerrten wir den ungelenken Wagen über wurzelverwachsene Waldwege nach Hause. Der schmerzende Rücken ließ mich verstummen. Sand knirschte unter den Rädern, kleine Steine spritzten zur Seite.
Paß auf, daß der Eimer mit den Heidelbeeren nicht umkippt, sonst war unsre Müh für die Katz! Ich ging seitlich vom Wagen, hielt den Eimer am Rand fest, die Tasche rutschte nach hinten. Wir kamen zur Straße. Müde, fast schläfrig trottete ich wieder neben meiner Mutter her.

Und dann lernte ich Paul kennen, so nahm Mutter wieder den Faden auf. Paul, der gutmütige, hilfsbereite Kollege vom Amt; ein kameradschaftlicher Mann, der mit mir und meinen Träumen einverstanden war und der mich heiraten wollte. Dieser Mann war der Bruder eines bekannten Kunstmalers und malte selbst auch Ölbilder in seiner Freizeit. Er zeichnete Porträts von mir und fertigte Kopien alter Meister an. Er war der erste, der an meiner vaterlosen Herkunft keinen Anstoß

nahm, der mich nicht nach dem Wieso und Warum fragte, der mich bestätigte, so wie ich war.
Der Einfluß dieses Mannes veränderte das Leben meiner Mutter. Sie besuchten gemeinsam Konzerte, hatten ein Abonnement im Stadttheater und sahen alle Inszenierungen des Spielplans. Die Arie des Lohengrin von Richard Wagner, im fernen Land unnahbar euren Schritten, sie sang sie noch, als ich ein Kind war. Die dunkelroten Rosen, die sie Richard Tauber auf der Bühne überreichte, sie dachte noch immer daran und an das Land des Lächelns und an Madam Butterfly.
Paul ging mit ihr in Museen, Galerien und Kunstausstellungen; sie unternahmen zusammen Wanderungen im Schwarzwald und durchstreiften die Bodenseelandschaften, erweckten gemeinsam Illusionen zum Leben und verlobten sich.
Paul hatte den Träumen meiner Mutter entsprochen. Der Hochzeitstermin wurde wiederholt hinausgeschoben; man wollte abwarten, bis seine unversorgte Mutter, mit der er immer noch zusammenlebte, gestorben war, denn für eine Familie mit Kindern und seine Mutter reichte das Geld nicht.
Paul starb, bevor sie heiraten konnten, an den Folgen einer Operation.
Doch meine Mutter wollte nicht allein bleiben, sie wollte heiraten und Kinder haben. Sie wünschte sich unbedingt eine eigene heile Familie, wollte endlich ihre Kindheit darunter verstecken. Schon als Kind habe sie sich darauf gefreut, so erzählte sie mir, eines Tages selbst Kinder zu haben.
In dem geselligen Kreis der Theaterbegeisterten kannte Mutter eine gleichaltrige Kürschnerin, die alle Schauspieler verehrte und den Geruch hinter den Kulissen und in den Garderoben so sehr liebte, daß sie umsonst das Pelzwerk für die Theaterleute nähte. Die beiden Frauen wurden Freundinnen und vertrauten sich gegenseitig ihre Probleme an. Meine Mutter lernte den jüngeren Bruder der Kürschnerin kennen, der, fünfundzwanzig Jahre alt, noch immer seinen Lohn zu Hause ablieferte, und heiratete ihn.
Mutter beschwerte sich nie über die Arbeit, die sie verrichten mußte, sie tat, was notwendig war. Sie erweckte auch nicht den Eindruck, unglücklich zu sein oder unter ihrem Schicksal zu leiden, sie nahm es gelassen und blieb zuversichtlich.

Schmerzen ertrug sie ohne zu lamentieren. Ich kann mich auch nicht erinnern, daß sie wegen einer Grippe oder sonst einer harmlosen Krankheit zu Bett lag, Zimperlichkeit verabscheute sie. Selbst als sie wegen einer Gelbsucht ins Krankenhaus mußte, spielte sie ihren Zustand herunter und verbreitete gute Laune unter dem Pflegepersonal.
Seit Vater zum Kriegsdienst eingezogen worden war, trug sie die Verantwortung für die Familie und wurde immer selbstbewußter. Sie stand nicht lange betroffen oder ratlos vor schwierigen Situationen, sondern zeichnete sich durch Courage aus; furchtlos ging sie dem Teufel vor die Schmiede. Sie sorgte während eines Fliegerangriffes dafür, daß ihre kurz vor der Niederkunft stehende Freundin zur Entbindung in die ausgelagerte Frauenklinik ins Karlsthal gebracht wurde, und reiste mit kranken Verwandten zu Spezialisten nach Heidelberg und Frankfurt. Schlug der Hund in der Nacht an, verließ sie das Haus und sah nach, ob etwas nicht in Ordnung war. Sie kundschaftete Läden in der Stadt aus, in denen es Sonderzuteilungen ohne Marken gab; vor Weihnachten kam sie mit zwei Flaschen Rotwein nach Hause. Bei den Behörden setzte sie sich durch; selbst dem Wirtschaftsamt lief sie die Tür ein, wenn es darum ging, Bezugsscheine für einen Zimmerofen oder den Winterbrand zu ergattern.
Durch ihre langjährige Tätigkeit im Amt, bei der sie mit vielen Leuten verhandelt hatte, war sie im Sprechen sehr geübt. Mutter flocht viele Sprichwörter in ihre Unterhaltungen ein. Häufig ertappe ich mich dabei, daß ich mich in den gleichen Redensarten ausdrücke wie sie und bin überrascht, wie ähnlich unsere Stimmen klingen. Sie hatte eine wunderschöne Handschrift und verzierte großgeschriebene Buchstaben mit kunstvollen Schnörkeln. Als Kind bemühte ich mich, ihr dies nachzumachen, und tatsächlich stimmen unsere Schriften in vielen Zügen überein.

12

Der Sommer 1944 war eine verlorene Jahreszeit, denn die Menschen unterschieden nicht mehr nach Sommer und Winter, nach Tag oder Nacht, nur noch nach Fliegeralarm

und Entwarnung, nach Bombenangriffen und den Pausen dazwischen.
Die unerträglich hellen Augusttage, die heißen, sonnenüberfluteten Tage waren voller Angst. An den Litfaßsäulen und an den Hauswänden, an den Ruinen, überall klebten große Plakate mit den Umrissen einer schwarzen, männlichen Figur und dem Hinweis ... pst, Feind hört mit!
Während das Rundfunkprogramm nach Flugzeugzielen abgehört wurde, rührten die Frauen einen großen Topf voll Suppe für die nächsten drei Tage, die man abwechselnd im Keller und im Bunker verbrachte. Unser Haus hatte auf der Längsseite schon seit einer Weile keine Fensterscheiben mehr, die Rahmen waren mit Pappe ausgefüllt, die Räume blieben am Tag dunkel. Wenn kein Angriff war, brachte man leere Fensterrahmen zur nahen Schreinerei und ließ sie neu verglasen. Bei der nächsten Zerstörung zog man die Glassplitter einzeln aus dem Holz der Möbel.
Mit der Lenkstange an die Außenwand unseres Hauses gelehnt, stand das Fahrrad meiner Mutter immer fahrbereit. Der Keller erschien zu unsicher, seit der Luftdruck einer Mine eine Dachseite abgedeckt und sämtliche Fensterscheiben auf der Südseite eingedrückt hatte. Wir zogen es vor, beim ersten Signal des Voralarms stadtauswärts zu flüchten und dort in einem frisch gebauten Stollen Schutz zu suchen. Meine beiden Brüder wurden hintereinander auf den Gepäckträger gesetzt, Mutter schwang sich auf den Sattel und trat mit aller Kraft in die Pedale. Ich lief nebenher, konnte mich, wenn mir die Luft ausging, am Sattel oder an ihren Kleidern festhalten, lief, lief ohne stehenzubleiben, ohne auszuschnaufen, so schnell wie meine Mutter mit dem Fahrrad fuhr, die zwei Kilometer unter den hohen Kastanien entlang. Ich sah nichts mehr, nur fort, schnell, schnell aus dem Gefahrenbereich heraus. Meine Beine liefen automatisch weiter, den splittüberschütteten Straßenrand entlang, vorbei an zerschossenen, ausgefransten Baumstämmen. Die Felgen des Rades knirschten und kratzten bald vor mir, bald neben mir. Die Kleider hingen dampfend an mir herunter, wenn wir den Stollen erreicht hatten. Der Schweiß lief mir über Gesicht und Rücken, floß die Wirbelsäule hinunter, am Gummiband der Unterhose entlang über den Bauch. Ich hörte mein Herz in

den Ohren klopfen und spürte es in kurzen, heftigen Schlägen am Hals; an den Schläfen pochten die Adern. Stoßweise atmete ich ein und aus.
Vor dem Stolleneingang blieb ich stehen. Meine Mutter sprang vom Sattel, hob die Buben vom Gepäckträger herunter, schob das Rad zur Außenwand, hob den Kopf, betrachtete prüfend den Himmel und stellte sich, mit beiden Händen über ihren Rock streichend, wie eine Glucke vor uns auf.
Aus der Tiefe des dunklen Stollens zog feuchtkalte, nach Moder und Pilzen riechende, nach Urin stinkende Luft und hielt uns davon ab einzutreten. Näherkommendes Flugzeugbrummen ließ uns einige kurze Schritte hineingehen, stehenbleiben, abwarten und dann gleich wieder herauskommen.
Fröstelnd sah ich die stummen Personen mit den ausdruckslosen Gesichtern, die an der Stollenwand standen, der Reihe nach an und konnte nicht erkennen, was sie dachten, was sie fühlten. Ein älterer Mann fluchte leise mit zusammengebissenen Zähnen schwerverständlich eine nicht endenwollende Litanei vor sich hin, wann hören sie endlich auf damit, diese Bande, diese Idioten. Die Frau neben ihm, ihre Haare unter einem zusammengedrückten Turban versteckt, die nackten Füße in Sandalen, hörte regungslos zu, faßte dann nach seinem Arm, das Flüstern des Alten erstarb, ihre Blicke trafen sich, blieben ineinander hängen.
Das nächste Mal nimmst du dir eine Wolljacke mit, sagte meine Mutter zu mir, ich hörte sie aus meilenweiter Entfernung.
Großmutters Hüftgelenkversteifung behinderte sie inzwischen so stark, daß sie nur noch rückwärts und ganz langsam, Tritt für Tritt, die Füße auf jeder Stufe nebeneinandersetzend, die Treppe heruntersteigen konnte. Sie war zu ihrer Schwester auf den Bauernhof gezogen, nachdem sie ihre Kleider und ihr Geschirr in die mächtigen Schließkörbe im Keller verstaut hatte. Bettzeug und Handtücher waren in rote Inlettsäcke verpackt und standen daneben.
Mitte August überstanden wir den zweiten Großangriff, der diesmal vor allem den südlichen Teil der Stadt verheerend getroffen hatte, aber auch der östliche und teilweise der

nördliche Bereich waren nicht verschont geblieben. Die Bahnlinien und die Kasernen wurden zum wiederholten Male zerbombt.
Der zweite Schlag gegen die Stadt, mit Brand- und Sprengbomben geführt, verwandelte ganze Stadtteile in Trümmerfelder und Schutthaufen; 328 nervenzermürbende Angriffe zählte man nun von Anbeginn an.
An einen neuen Schulbeginn war überhaupt nicht zu denken, viele Schulen in der Stadt waren zerstört, in den übrigen die Klassenräume unbrauchbar geworden. An den Trümmergrundstücken hatten die überlebenden ehemaligen Bewohner mit Kreide, Farbstiften oder Ölfarbe ihre neue Unterkunft angeschrieben. Weil das Gas tagsüber abgestellt wurde, kochte nun meine Mutter am frühen Morgen auf dem holzgeschürten Herd das Essen. Sie drückte mir die Lebensmittelkarten in die Hand und schickte mich los, die zugeteilten Lebensmittel einzukaufen, den einen Liter Milch, den ich auf dem Nachhauseweg schon halb ausgetrunken hatte. Ich stand in der Schlange vor dem Gemüseladen um Kartoffeln an und betrachtete die schwangere Frau mit ihrem dicken Leib, die man ermunterte nach vorn zu kommen, damit sie nicht so lange stehen mußte.
Vater schrieb, daß er im September auf Erholungsurlaub nach Hause komme. Wir sparten unsere Rationen dafür auf; es gab noch häufiger Gemüseeintopf aus dem eigenen Anbau. Damit er sämig wurde, rieb man eine rohe Kartoffel hinein.
Meine Mutter bat den Nachbarn, einen alten, invaliden Mann, der in seinem Beruf an der Bandsäge alle Finger einer Hand verloren hatte, unser aufgerissenes Dach zu reparieren. Ziegel waren nirgends mehr aufzutreiben, zu viele wurden gebraucht. Wir rollten den Bodenbelag aus der Küche zusammen, der Zimmermann nagelte das rechteckige Stück Linoleum auf die nackten Holzsparren.
Ausgebombte Verwandte, mein Vetter, seine Frau und ihr wenige Wochen altes Kind, kamen aus der Innenstadt, verdreckt, rußig, nur mit einer Handtasche, und baten, bei uns unterkommen zu dürfen, weil ein Volltreffer ihre Wohnung zerstört hatte. Wir überließen ihnen die Räume der Großmutter.

Wir hatten ebenfalls vor, zu den Verwandten aufs Land überzusiedeln, wollten jedoch noch den Heimaturlaub meines Vaters abwarten.

13

Vater war am Vormittag mit dem Zug aus Paris gekommen, voll von Eindrücken zurückliegender Erlebnisse. Er beschrieb, wie er von Versailles zum Bahnhof St. Lazare gefahren war, dort umstieg, zum Gar de l'Est fuhr, in einen Fronturlauberzug einstieg, wie dieser Zug auf freier Strecke von Tieffliegern angegriffen wurde, die Soldaten durch Fenster und Türen flüchteten, sich unter Büsche und in Gräben warfen, den Zug erst wieder bei einbrechender Dunkelheit besteigen und weiterfahren konnten. Er schilderte die Verhältnisse bei der Truppe nach der Invasion der Alliierten, den Rückzug und das Durcheinander auf dem Bahnhof in Reims.

Ich hörte ihm unentwegt zu, schaute nach jedem Wort, das über seine Lippen kam, stellte mir die Scherenschnittbäume im Versailler Park vor, die zurechtgestutzten Buchsbäume, die Blumenrabatten, die flanierenden Damen auf den Pariser Boulevards.

Fremd, mit klangvollen Vokalen und schillernd, wie Seifenblasen, schwebten die französischen Namen durch unsere Küche. Am Abend, bevor ich einschlief, ging ich die Wege, die ich nie zuvor gesehen hatte, beobachtete meinen Vater, wie er die kunstgeschmiedeten Torbögen in den Gärten der Tuilerien betrachtete, stellte ihn auf das Dach der Kathedrale Nôtre-Dame zwischen geflügelte Ungeheuer und grimassenschneidende Teufel. Eingeschlafen, träumte ich von dieser Stadt, bis mich das Jaulen der Sirenen in die Herbstnacht von Kaiserslautern zurückholte.

Benommen hing ich Kleider über und steckte meine Füße in die Schuhe; ich war aus den Träumen noch nicht richtig aufgetaucht, als die Stimme meines Vaters durchs Treppenhaus hallte, beeilt euch, das Theater geht schon los!

Er stand unten an der steilen Holztreppe im Parterre, trug seine Brecheshose und die Knobelbecher, und trieb uns an, vorwärts, macht schnell, die Flieger brummen schon. Sie haben heut nacht Leuchtraketen geschossen. Mürrisch schob einer den andern vor sich her die Kellertreppe hinunter; ich schlüpfte auf halbem Weg noch in die Ärmel des umgehängten Mantels, stieß dabei meinen Bruder an und schlurfte in den offenstehenden Schuhen die Stufen hinab. Vater löschte das Licht hinter mir, auch das Treppenhaus und der Keller lagen im Dunkeln. Ich tastete mich vorwärts, fühlte mit der Hand die kalte Wand, kam an die Lattentür des zum Luftschutzkeller hergerichteten Raums. Ein Streichholz wurde angerissen, die Stearinkerze angezündet und auf das Regal gestellt. Danach verließ Vater den Keller, lief aufgeregt hinaus zur Waschküche, verharrte vor der Außentür, umrundete in langen Schritten das Haus.

Kaum hatten wir uns auf der Behelfsbank nebeneinander gesetzt und die Schuhe gebunden, fielen die ersten Bomben. Vater kam zu uns herein und sagte, heute nacht haben die sich was vorgenommen. Und wir in unserem armseligen Kartenhaus aus Tuffsteinen, in dieser Zigarrenkiste, mit dem Holzgebälk, den Bretterfußböden und der Eichentreppe, das brennt ja alles wie Zunder, das hält so gut wie überhaupt nichts ab; wir sind hier schlimmer dran als im Schützengraben. Bomben pfeifen durch die Luft, schlagen in der Nähe ein.

Den Mund aufmachen! Den Mund auflassen wegen dem Luftdruck, ermahnt Vater. Das Haus bebt, der Kalk rieselt von den Wänden, im Kamin hinter mir bröckelt der Ruß vom Mauerwerk. Ich ziehe den Kopf tiefer zwischen die Schultern, vergrabe meine Hände in den Manteltaschen, mach mich winzig, drücke meinen Rücken ganz fest gegen die Lehne der Bank, die an der Stützmauer vor dem Kamin steht, rede kein Wort, auch sonst sagt niemand etwas. Nur ab und zu die Verwünschungen und Flüche meines Vaters, das Stöhnen meiner Mutter, die bei jeder Detonation den Atem anhält und nach einigen Sekunden hörbar die Luft zwischen den Zähnen wieder herauspreßt. Plötzlich setzt das Bombardement aus.

Wir müssen hier raus. Vater verliert die Geduld. Er hat sich während des Angriffs im Garten, im Hof und auf der Straße umgesehen. Sein ernster Gesichtsausdruck läßt keine Fragen aufkommen. Ich höre ihn die Außentreppe auf- und abstei-

gen, die rückwärtige Tür auf- und zumachen. Entschlossen steht er jetzt im Schutzraum, berät sich nochmals mit Mutter, schlägt vor, ins nahe Hagelgrundtal zu fliehen, dort sind wir immer noch sicherer als in dem dünnwandigen Haus, das schon von einem Windstoß umgeworfen wird. Die erste Welle des Angriffs ist vorbei, die Stadt steht in Flammen, wir riskieren es, wer weiß, was die zweite Welle bringt.
Die Einwände meiner Mutter wischt er mit einer Handbewegung weg, zerrt den Handwagen aus der Waschküche die Stufen nach oben, gibt Anweisung, uns nasse Tücher vor den Mund zu binden, weil draußen die Luft voller Qualm ist, trägt den kleinsten der Buben hinaus, setzt ihn auf eine Decke in den Leiterwagen. Ich gehe neben ihm her, halte mich an seiner Hand fest; Mutter bläst die Kerze aus, schließt die Tür hinter sich, trägt die Tasche mit den Papieren und führt den anderen Bruder an der Hand.
Aus Angst halte ich den Blick auf die Erde gerichtet. Ich will nicht sehen, was um mich her vorgeht. Heiße Luftfetzen wehen heran, schlagen mir ins Gesicht, meine Augen tränen, ich versuche sie zu schließen. Ich habe das Gefühl, daß die Augäpfel aus den Höhlen treten, daß ich den Rauch essen muß, der in Schwaden aus der tiefer gelegenen Stadt zu uns herauf auf die Höhe zieht.
Wir tauchen unter den Bäumen in der Mainzer Straße in den Schatten. Ein kurzer Blick nach oben, ich sehe den vom Feuerschein geröteten Himmel über mir und schaue sofort wieder nach unten. / Da ließ der Herr Schwefel und Feuer regnen vom Herrn vom Himmel herab auf Sodom und Gomorra / und kehrte die Städte um und die ganze Gegend und alle Einwohner der Städte und was auf dem Lande gewachsen war. / Und sein Weib sah hinter sich und ward zur Salzsäule.
Die Bibel in Bildern, das alte Buch mit dem von Jugendstilornamenten umrahmten Einband, an dem der Buchrücken fehlte, fand ich nach Großmutters Tod in ihrem Schrank. Nach Jahren brachte mir das Bild darin die Erinnerung zurück. Offenbar war es mir doch nicht gelungen, diese Nacht ganz und gar aus meinem Gedächtnis zu streichen, obwohl ich es gewünscht hatte. Der heranrasende heiße Luftzug und die schrillen Schreie dieser Nacht kommen immer wieder zurück.

Wir schließen uns anderen Familien an, geraten in die Reihen der davonhetzenden Kolonnen, erreichen die Kaserne, kommen zum Ostrand der Stadt, zur Autobahnauffahrt, zur Autobahnbrücke, rechts die Hünengräber. Blitze zucken von allen Seiten, beleuchten die Straße unter meinen Füßen; die eisenbeschlagenen Räder des Handwagens hinterlassen Spuren im weichen Asphalt. Das letzte Stück führt den Abhang hinunter, quer über die Eisenbahnschienen am Bahnübergang ins Eselsbachtal. Rechts liegt die kurzgeschorene Talwiese, auf der wir im Sommer herumgetollt sind, nun sitzen hier auf dreibeinigen Böcken Grummethaufen. Links steht ein dunkler Stangenwald, es riecht nach feuchter Erde. Wir kommen zu der niedrigen Holzbrücke über dem Bach und bleiben in den tief eingefahrenen Radspuren mit unserem Wägelchen hängen. Ich tauche die Hände in das Bachwasser und kühle Gesichtshaut und Augen. Vater und Mutter überlegen kurz, ob wir rechts oder links hinter der Brücke abbiegen sollen. Rechter Hand erhebt sich ein kiefernbewachsener Hügel, links ein Buchenwald mit glattschaftigen Stämmen.

Vater entscheidet: nach links, der Weg ist besser, festgefahrener, der Hang nicht so steil. Wir sind noch keine zweihundert Schritte gelaufen, da explodiert hinter unserem Rücken zwischen dem Wiesental und der gerade passierten Kiefernschonung eine Mine. Polternd fallen hochgeschleuderte Steine auf die Erde zurück.

Unter schräg gestellten Hölzern liegen wir auf dem Bauch nebeneinander wie Tiere und fühlen den feuchtkalten Waldboden unter uns. Den großen Holzstoß als Splitterwall vor uns nutzend, baut Vater in der Nacht einen behelfsmäßigen Unterstand. Wir kriechen hinein, kauern uns eng aneinander, spüren unsere Körper, fassen uns an den Händen, fühlen uns.

Im grauen Licht des Septembermorgens ziehen Nebelschwaden durchs enge Hagelgrundtal. Im Dunst sind Rufe und Stimmen von Menschen zu hören, die auf allen vieren von Heuhaufen zu Heuhaufen kriechen. Ich sehe die zusammengekauerten Gestalten nur verschwommen, wie hinter einem Vorhang, und höre, wie sie sich gegenseitig zurufen. Bist du noch da? Ja, hier bin ich! Wo bist du? Sie wollen sich menschlicher Nähe versichern.

Sie suchen in dem zu schwarzen, zottigen Haufen aufgesetzten Heu eine Bleibe für ein Atemholen, für einen kurzen Schlaf. Streunende Hunde, den Schwanz zwischen die Hinterbeine geklemmt, winseln heran; Pferde mit aufgerissenen Augen und Schaumfetzen vor dem Maul keuchen ziellos querfeldein.
Am frühen Morgen ging Vater wieder zurück zum Haus am Stadtrand, belud den Handwagen mit Bettzeug, Wolldecken, dem Notkoffer und kam zurück in den Wald. Er berichtete, daß das Haus noch stehe, die Stadt aber immer noch brenne, sonst wußte er nichts. Die beiden Buben saßen im Wagen, Vater zog, Mutter und ich schoben. Wir stapften über den tiefen Sandweg das Hagelgrundtal aufwärts, trafen auf der Landstraße Menschen mit rußverschmierten Gesichtern, ohne Wagen, ohne Taschen. Wir verließen den Stadtbereich, eilten die Landstraße entlang, ohne uns umzuschauen.
Dichte Rauchwolken verfinsterten den Himmel, verdeckten ihn für Tage. Ohne viel zu fragen nahmen die Verwandten uns auf. Die Erwachsenen beschlossen, mit dem Pferdefuhrwerk in den nächsten Tagen das Nötigste aus dem Haus in der Stadt herauszuholen. Vater mußte wieder zurück zur Truppe.
Mutter, meine beiden Brüder und ich wohnten von da an in zwei riesigen Räumen im Obergeschoß der Mühle.

14

Die alte Standuhr mit den schweren Messinggewichten im Treppenhaus der Mühle war stehengeblieben. Jeden Tag ging ich an dem stummen Uhrenkasten vorüber und betrachtete ihn scheu. Er erschien mir wie ein alter Mensch, der weder redet noch sich bewegt, nur noch da ist.
Danach setzte ich mich auf den klobigen Eichenstuhl hinter den Tisch und ließ die Beine baumeln. Die stillen Tage, die nun folgten, waren schlimmer als der Fliegeralarm. Die Angst verließ uns nicht. Übriggeblieben saßen wir herum und flüchteten am Abend frühzeitig unter die Bettdecke. Wir verbrachten die Tage tatenlos in der notdürftig eingerichteten Küche, bis wir begriffen, daß wir Hunger hatten und froren. Herbstregen überschüttete das Land, wir mußten uns nach Holz

umgucken. Blaukalte Morgen krochen aus dem Wiesental. Langsam begriffen wir, wofür wir dringend zu sorgen hatten. Zunächst liefen mein Bruder und ich auf die Obstgrundstücke der Bauern und stoppelten Reste; wir sammelten heruntergefallene Äpfel und Birnen. Danach zogen wir mit einer stumpfen Axt und einer verrosteten Säge in die Wälder und suchten nach dürrem Holz. Beschaffen wurde von nun an groß geschrieben.

Der Winter kam zeitig, plötzlich fiel Schnee und bedeckte das Land. Die Straßen und Wege schnitten, Trauerrändern gleich, Rechtecke aus der Landschaft, wie Todesanzeigen in den Zeitungen. Kahle Pappeln an beiden Ufern des Mühlbaches zeichneten den Weg des Wasserlaufes nach. Ein Tiefflieger durchstieß tagsüber die Wolkendecke und durchschoß mit der Bordkanone das kleine Sprossenfenster in unserer Küche und das Ofenrohr; die Maschinengewehrgarbe durchschlug das Fensterglas und das Blech. Mutter meinte, wenn jetzt der Churchill, der Roosevelt und der Stalin auf einmal sterben würden, wäre der ganze Krieg aus.

Im Dezember erfuhren wir aus dem Rundfunk, daß in den Ardennen eine Offensive gegen die alliierten Streikräfte begonnen hatte. Aber in Wirklichkeit glaubte kaum noch ein Mensch an den Endsieg. Das hörte man leicht aus den hinter der vorgehaltenen Hand geführten Gespräche der Erwachsenen und aus ihren zynischen Witzen, die in den Läden und den Bauernstuben erzählt wurden.

Gegen Abend sagte meine Mutter zu mir, geh' Milch holen!

Die Milch für die Flüchtlinge im Dorf wurde nur beim Bauern Kurz ausgegeben. Der Landwirt hatte außerdem noch den öffentlichen Bullenstall. Die Kanne schlenkernd, sie schlug gegen mein Bein, machte ich mich auf den Weg zum Nachbarhof. Wie jeden Tag standen schon ein paar größere Kinder und einige Frauen mit ihren Milchkannen vor der Stalltür. Der Bauer arbeitete schon im Kuhstall, man hörte die Zinken der Mistgabel über das Pflaster kratzen. Ein alter Mann führte seine Kuh am Strick zum Hof herein. Bauer Kurz schaute aus der Stalltür, stellte die Mistgabel an die Wand und führte einen der dunkelbraunen Bullen an einem kurzen Holzstab, der an einem Ring durch die Nase des Stiers festgemacht war, zum Stall heraus. Der Bulle besprang die

Kuh; sie knickte leicht in den Hinterbeinen ein. Die Frauen kicherten verlegen und schauten zu Boden. Der Bulle trottete zurück in den Stall. Der Bauer griff wieder nach der Mistgabel. Lautes Geschrei von hungrigen Schweinen, Quieken und Grunzen, tobte hinter der Tür des Schweinestalls. Wir warteten immer noch auf die Milch.

Ich besuchte wieder die Dorfschule im nächsten Ort, diesmal die fünfte Klasse. Der Weg unter den blattlosen Bäumen der Kaiserstraße war viel zu gefährlich; die Jabos feuerten auf alles, was sich bewegte. Deshalb ging ich zusammen mit den Dorfkindern auf Umwegen durch den dichten Kiefernwald nach Sembach. Unterwegs hüpften wir über Wassergräben, stolperten über verstecktes Unterholz und Wurzeln, brachen in Schneewehen ein, zogen die Beine wieder heraus und gingen weiter. In schneeverkrusteten, nassen Kleidern saßen wir stundenlang in der Schule. Der Unterricht dauerte bis zum Nachmittag. Ich lernte Socken stricken, Bruch- und Prozentrechnungen, der Pfarrer brachte mir die ersten Bibelabschnitte bei. Auf dem Heimweg stand ich beim Schmied an der offenen Werkstatt, sah ins blasebalggetriebene Feuer, schaute zu, wie er die schweren Hufe der Kaltblutpferde anhob und sie mit Eisen beschlug. Ich wartete beim Bäcker in der Backstube, bis er das frische Brot mit dem Schieber aus dem Ofen gezogen hatte. Das Brot roch so verlockend, daß ich unterwegs nicht widerstehen konnte und die knusprigen Ränder ringsum abbiß.

Im Januar 45 wurden in Sembach die mit Militärvorräten vollgestopften Tanzsäle von den Einwohnern aufgebrochen und Nahrungsmittel, Uniformen und Stiefel auf die Seite geschafft. Es blühte ein lebhafter Tauschhandel zwischen den Bauern und den Evakuierten auf, weil manche Leute nur linke, die anderen lauter rechte Stiefel erwischt hatten. Gegenstände, für die keine Verwendung bestand, wurden in Kellern und Scheunen gehortet. Alte Bekannte meiner Mutter, ihre Schulkameraden und Altersgenossen versorgten uns, sobald sie selbst genug besaßen.

Der Sprecher des Großdeutschen Rundfunks brachte Nachrichten: Remagen umkämpft! Remagen – der Brückenkopf, tagelang Kampf um Remagen und nichts anderes in den Nachrichten. Sie hämmerten uns den Widerstand ein.

Zuerst in der Eifel, dann im Hunsrück, in Monschau, in Bad Kreuznach, in Bad Münster am Stein, dem Städtchen, das beinahe jeder schon einmal besucht hatte, zogen die Amerikaner ein. Die Amerikaner sind in der Pfalz! Unvorstellbar!
Immer mehr zurückflutende deutsche Soldaten klopften nachts an die Mühlentür, baten um Rat, wollten den Weg über den Rhein wissen, ein Nachtlager haben, bettelten um Proviant oder Zivilkleidung.

Die Mühle steht weiß und behäbig quer im Tal, das Geviert des großen Bauernhofes schließt sich an, ein markanter Punkt in den Planquadraten militärischer Landkarten. Schon vor Jahrhunderten war die Mühle, wahrscheinlich zusammen mit der Burg der Kolben von Wartenberg, oben am Schloßberg, gebaut worden, hatte alle Kriege und Raubzüge überstanden und mit ihren dicken Sandsteinmauern ihre Bewohner geschützt. Jetzt liegt die Burg längst unter Ranken und Gestrüpp verborgen als Ruine auf dem Bergkegel. Die Bauern hatten sich im Laufe der Zeit die Steine zum Bau ihrer Wohnhäuser und ihrer Stallungen ins Tal geschleppt.
Die Mühle erfüllte aber immer noch ihre ursprüngliche Aufgabe. Der Besitzer der Mühle, Bauer und Müller zugleich, war ein sehr umsichtiger, überlegt handelnder Mann. Er entstammte einer alten Mennonitenfamilie, die schon seit Generationen die Mühle betrieb.
Getreide wurde zwar nur noch zu Viehfutter geschrotet und gequetscht, Mehl wurde keines mehr gemahlen, dazu war die Mühle nicht mehr eingerichtet. Trotzdem half der Müller, wo er konnte. In den Hungerjahren nach dem Krieg ließ er meine Familie und mich nie im Stich. Kam er mit seinem Fuhrwerk in die Stadt, so hatte er jedesmal einen Sack Korn oder Weizen auf dem Wagen und stellte ihn stillschweigend bei uns im Hausgang ab, ohne Dank abzuwarten.
Alle Bewohner der Mühle, auch die evakuierte Familie aus Frankfurt am Main, die russischen und polnischen Männer und Frauen, die auf dem Hof als Knechte und Mägde arbeiteten, setzten sich am Abend mit dem Bauern zusammen und berieten das Verhalten beim Eintreffen der amerikanischen Truppen.

Der Müller wollte vor allem vermeiden, daß die Mühle unter Beschuß genommen würde und entschied sich dafür, rechtzeitig ein großes, weißes Leintuch an die Hauswand zu hängen. Als Unterschlupf, in dem Frauen und Kinder, Knechte und Mägde während der Tage des unmittelbaren Kampfes untergebracht werden sollten, wählte der Besitzer den am weitesten von der Straßenfront entfernt gelegenen Keller aus, der schon im Mittelalter den Belagerungen standgehalten hatte.
Das Stroh, alle Treibstoffässer und die leicht brennbaren Dinge wurden aus der über dem Keller liegenden Scheune geräumt. Einige Strohballen warf man in das Gewölbe, trug Wolldecken, Vorräte und Getränke hinunter, schaffte Steinöllampen und Hindenburglichter herbei, sorgte für einige Sechspfünder Brotlaibe und Wasser. Danach versteckten wir den Koffer mit Schmuck und Silberzeug in den Futterraufen der Pferde, verbrannten alle Hitlerbilder und Fahnen, die sich im Hause noch fanden. Keiner der Erwachsenen entsann sich, je so etwas wie Sympathie für Hitler gehabt zu haben. Sie beschimpften die Männer in den schwarzen SS-Uniformen mit dem Totenkopf an der Mütze, die täglich händeringend um Zivilhosen und Jacken anhielten.
Alle Bewohner schworen sich gegenseitig darauf ein, niemals eine Hand für Hitler oder seine Gefolgsleute gehoben zu haben. Ich hatte den Eindruck, niemals von größeren Hitlergegnern umgeben gewesen zu sein.
Und überhaupt seien die Amerikaner bekanntlich Abkömmlinge von ehemaligen deutschen Auswanderern und könnten somit keinem Deutschen ein Haar krümmen.
Stündlich kamen versprengte deutsche Landser in Gruppen oder einzeln, mit dem Auto oder zu Fuß, und wollten auf geheimen Wegen über den Hohwald. Sie versteckten sich über Tag auf dem unübersichtlichen Mühlengelände, um bei Nacht ihren Weg fortzusetzen. Viele bettelten um alte Klamotten, warfen ihre Koppel weg, die Seitengewehre und die Hoheitsabzeichen in den Bach, versenkten Panzerfäuste, Pistolen und Munition im Mühlteich, warfen die Schießeisen, wo sie gingen und standen, von sich. Man sah dem Näherrükken der Amerikaner mit einem Gemisch aus Angst und Hoffnung entgegen.

In Winnweiler wurde die heranrückende alliierte Truppe noch einmal von einer Hitlerjugendgruppe aus dem Straßengraben heraus angegriffen und einen Tag lang aufgehalten. Vierzehnjährige Pimpfe hatten sich selbst opfernd Panzerfäuste an den stählernen Ungetümen angebracht und sie gesprengt. Tote lagen tagelang unbestattet auf den Äckern und Wiesen neben der Straße.
Das Bettlaken hing an der Nordseite der Mühle, in der Richtung, aus der die kämpfende Truppe erwartet wurde. Waren die Tiefflieger Tage zuvor wild heruntergestoßen und hatten erbarmungslos auf jeden Menschen und jede sich bewegende Kreatur ihre Bordkanonen leergeschossen, so war nun kein Flugzeuglaut mehr zu hören. Eine eigenartige Stille lag über dem Land, ein unbeschreibliches Atemanhalten. Angestrengt horchten wir auf unbekannte Geräusche und vernahmen doch nur das Rauschen des Mühlbaches. Verstörte, aufgeregte Menschen kamen auf der Landstraße zu Fuß oder auf dem Fahrrad und riefen, sie kommen, die Amerikaner kommen!
Am 15. März 1945 um die Mittagszeit stolpern Frauen, Kinder und alle ausländischen Arbeiter die Stufen in das Kellergewölbe hinunter. Ein schwacher Lichtschein erleuchtet den sonst nur als Rübenkeller genutzten Raum. Unter den Füßen spüren wir den Sandboden. Der Geräteschuppen, von dem man in den Keller hinabsteigt, ist angefüllt mit Eggen, Gabeln, Rechen und Sensen. Nur der Bauer bleibt vor dem Eingang stehen; er steigt dann auf den Dachboden des Wohnhauses und sieht gegen 14 Uhr die ersten mit Tarnnetzen bespannten und mit fünfzackigen Sternen gekennzeichneten, olivgrünen Panzer das Tal des Lohnsbaches herauf auf die Mühle zurollen.
Ein fremdes Geräusch in der Luft. Das Rasseln auf der Landstraße kommt näher. Einige harte Schüsse werden aus Panzerkanonen abgefeuert. Dumpf schlagen sie ins Erdreich ein. Sie werden nicht erwidert. Ein Panzer rollt bis zum Stichweg der Mühle. Er dreht die Kanone in Richtung des Gebäudes, verharrt in dieser Position. Der Bauer gibt den Leuten im Keller laufend Bericht; er steht nun so auf der Kellertreppe, daß sein Kopf ebenerdig über die oberste Stufe schaut. Jeder hört gespannt hin. Alle starren zur Türöffnung.

Metallisches Kettengerassel auf Asphalt. Weitere Panzer rükken heran, fahren auf die angrenzenden Wiesen und Äcker, drehen sich brummend, gehen in Stellung, die Geschütztürme auf das kleine Dorf gerichtet. Wir lauern im Keller auf jedes Geräusch von außen. Der Bauer versucht immer noch die Vorgänge im Auge zu behalten, doch sein Blickfeld ist eingeschränkt.

Halb sitzend, halb liegend lagern wir auf dem auseinandergestreuten Stroh, eine verrußte Petroleumlampe flackert an der gegenüberliegenden Wand und wirft schwaches Licht auf die Szene. Die Frauen in dicken, unförmigen Mänteln und mit dunkelfarbigen Tüchern um den Kopf wirken wie Großmütter. In Abständen fallen Wassertropfen von der Decke. Einer schneuzt sich, Zähne klappern aufeinander. Meine Hände sind feucht, zur Faust geballt, die Fingernägel bohren sich in die Handflächen.

Am Abend brüllen die Kühe im nahen Stall, zerren an den Ketten, müssen gemolken werden. Der Bauer und die Bäuerin huschen an der Hauswand hinter dem Misthaufen entlang zum Kuhstall. Einige Panzer setzen sich mahlend und dröhnend in Bewegung, befahren den schmalen, sandigen Dorfweg hinter der Mühle am Keller vorbei, an totenstill, wie ausgestoßen daliegenden Höfen vorüber, hinauf zum Schloßberg, kontrollieren von dort die Straße, das Dorf, die Menschen und ihre Angst.

In der hereinbrechenden Dunkelheit erscheint erneut ein deutscher Soldat, ein junges Gesicht, verwirrt und durstig. Man zeigt ihm den Weg durch den Garten, an den Holunderbüschen vorbei, durch die Wiesen in den Wald. Er schleicht aus dem Keller. Von dem Soldaten haben wir erfahren, daß sich eine deutsche Lazarettkompanie in einen Hohlweg, der von der Mitte des Dorfes in westliche Richtung zieht, geflüchtet hat.

Das Bauernpaar bringt die frischgemolkene Milch und einen Blechbecher in den Keller. Mit zittrigen Fingern greift einer nach dem andern nach dem Becher, taucht ihn in den Eimer mit der kuhwarmen Milch und trinkt ein paar Schlucke, mehr nimmt der zusammengepreßte Magen nicht auf.

Schrapnelle krepieren über dem Tal, entfernt tackert ein einzelnes Maschinengewehr. Ein Hund bellt. Granaten trudeln

über das Dach, schlagen im Wasser des nahen Teiches ein. Die Menschen ducken sich, wenn ein Geschoß in der Nähe explodiert, und kauern sich zusammen.
Der Geschützlärm hallt nun weiter entfernt über dem in unserem Rücken liegenden Dorf. Ich habe meine Fingerkuppen in den Mund genommen, nage an ihnen, zerbeiße die Nägel. Mein kleiner Bruder liegt, den Kopf auf dem Schoß meiner Mutter, dösend auf dem Stroh. Langsam kriecht die Kälte des Kellers durch unsere Kleider, die Beine werden stocksteif und bitzeln vom angespannten Stillsitzen.
Wieder taucht ein Fremder am Kellereingang auf, Streichhölzer flammen auf, erleuchten für Sekunden den Unbekannten. Der Bauer flucht; schimpfend macht der dem Flüchtigen klar, in welche Gefahr er uns bringt. Kurz erläutert er, über die Landkarte gebeugt, dem Soldaten die Umgebung und bittet ihn, schnellstens zu verschwinden. Wir müssen mit Tüchern das Licht gegen die Tür hin abschirmen, kein Schein darf mehr hinausdringen.
Hinten im Dorf rührt sich etwas! Das Geräusch von berstendem Holz, Knistern und brenzlicher Geruch lassen auf einen Brand schließen. Niemand wagt sich vom Hof.
Nur noch vereinzelt pfeifen Kugeln. Die Schüsse werden vom Schloßberg herunter auf die sich auflösende Kompanie gefeuert. Ein Pakgeschütz kläfft, gleichmäßig hämmert ein MG. Das Stroh unter uns ist verrutscht, wir sitzen zum Teil schon auf dem Boden.
Wir müssen aufs Klo. Im Geräteschuppen stehen Eimer bereit. Am Kellereingang atme ich die frische Nachtluft gierig ein. Im schwachen Frühlicht des neuen Tages werden die Umrisse der riesigen Panzer deutlich, die sich auf der gegenüberliegenden Straßenseite in einen Acker eingegraben haben. Ich werfe einen Blick hinüber, schleiche mich gleich danach wieder hinunter ins Gewölbe und verhalte mich mucksmäuschenstill. Die Nacht ist noch nicht vorüber, die Steinöllampe ist leergebrannt.
Langsam wird es draußen heller. Der Müller läßt die amerikanischen Truppen nicht aus den Augen; er bleibt die Nacht über auf seinem Posten, wenn er auch nur einen Ausschnitt aus der Tür heraus überschaut. Der Hof liegt etwas tiefer als die Landstraße, die dreißig Meter entfernt vorbeiführt. Wir

wissen immer noch nicht, was sich in der Nacht im Dorf abgespielt hat; es gibt keine Verbindung und keine Nachricht.
Rings um die abgestellten Panzer bewegen sich im Dunst des Morgens behelmte Gestalten; hantieren mit Gefäßen, reichen Toilettenpapierrollen von Hand zu Hand und sitzen in bekannter Stellung mit dem Rücken dicht an den Ketten ihrer Fahrzeuge.
Die Angst bei uns im Keller läßt nach, Stimmen werden lauter. Einer nach dem andern traut sich die Kellertreppe hinauf, einen neugierigen Blick auf das seltsame Treiben rund um die Tanks zu werfen.
Die Frauen reden über die Neger, erzählen Geschichten von Schwarzen mit weißen Augen und weißen Händen, berichten vom Vergewaltigen und flüstern sich gegenseitig ins Ohr. Ich kann mir solch schwarze Menschen nicht vorstellen, bisher kenne ich nur den Mohren aus dem Struwwelpeterbuch und beginne mich zu fürchten. Die größeren Buben erzählen von Buschnegern, die völlig nackt herumlaufen und Messer zwischen den Zähnen haben.
Draußen ist es hell geworden.
Immer mehr Panzer rollen das Tal herauf. Die ersten Lastwagen mit Maschinengewehrständen auf dem Führerhaus folgen ihnen. Plötzlich fährt ein Panzer in den Hof ein, bleibt in der Mitte stehen. Der Bauer geht mit erhobenen Händen ein paar Schritte aus dem Unterstellraum heraus, gibt sich zu erkennen. Soldaten, das Gewehr im Anschlag, steigen von ihrem Fahrzeug herab, kommen auf den Besitzer zu, verteilen sich im Hof und erteilen Kommandos. Von dem Kettengeräusch aufgeschreckt, unterbleiben sofort alle Gespräche im Keller.
Oben am Eingang erscheinen amerikanische Soldaten und machen durch Rufe und Zeichen deutlich, daß wir herauskommen sollen. Wir steigen, an unsere Mutter gedrückt, die Treppe hinauf. Alle müssen in die große Küche kommen. Amerikaner mit tief in die Stirn gezogenen Helmen stehen bewaffnet an allen Türen, bewachen die beiden Ausgänge der Küche. Andere durchsuchen das Haus vom Keller bis zum Speicher; der Bauer muß mit, ihnen alle Räume aufschließen. Sie durchwühlen Stuben und Vorratskammern, Schränke, Schubladen und Betten. In der Mühle stechen sie in pralle

Getreidesäcke, schlüpfen in niedrige Gänge, schauen in Ekken und Winkel.
Du Hitler? Du Nazi? Dabei machen sie mit der flachen Hand eine waagerechte Schneidebewegung in Höhe des Halses, die das Töten andeuten soll. Das Verhör in der Küche ist kurz. Laut herrschen sie jeden Erwachsenen an, fragen alleinstehende Frauen, dein Mann? SS?
Die Fremdarbeiter lachen und reden aufgeregt in ihrer Sprache miteinander.
Ein Neger mit Helm steht an der Küchentür. Ich erstarre, klammere mich krampfhaft an irgend jemand. Er gibt ein kurzes Kommando; ich denke, das ist das Ende. Die Truppen verlassen die Mühle. Ein Wachtposten mit einem Maschinengewehr unter dem Arm bleibt an der Einfahrt zum Hof zurück.
Tage- und nächtelang rollen nun Panzerkolonnen, Lastwagen mit MG-Aufbauten und Jeeps die Landstraße entlang in südliche Richtung. Die Soldaten hängen an ihren drehbaren Geschützen und belegen niedriges Buschwerk und Wälder mit Maschinengewehrsalven. Sie patrouillieren in Jeeps auf der Kaiserstraße auf und ab. Kaum einmal sieht man einen Amerikaner zu Fuß. Auf der Wiese, unterhalb der Gartenmauer haben die Soldaten Mannschaftszelte aufgeschlagen. Wir können sie vom Küchenfenster aus beobachten. Herrenlose Pferde und Maulesel, aus deutschen Wehrmachtsgespannen ausgeschirrt und davongejagt, traben halbverhungert über die Felder und suchen auf winterdürren Wiesen nach Futter.
Gefangene deutsche Soldaten stehen zusammengepfercht auf den Ladeflächen der LKW's, hängen vorn auf den Kühlern der Jeeps, liegen oben vor den aufgeklappten Türmen der Panzer, trotten mit erhobenen Armen zwischen langsam dahinfahrenden Jeeps. Enttäuschte Männer mit tagealten Stoppeln im Gesicht schleppen sich die Straße entlang. Uniformstücke hängen weit und knopflos an ihren Körpern herunter. Unter den Gefangenen entdecke ich hinkende Volkssturmmänner, die in den letzten Tagen erst einberufen worden waren, aber auch ganz junge Buben, kaum älter als ich. Ich sehe sie alle an, betrachte ihre Gesichter und suche meinen Vater darunter.
Auf der alten Heerstraße herrschte ein Betrieb wie nie zuvor.

Die Lastwagen mit Nachschub rollten. Die Amerikaner entnahmen den in Ölpapier verpackten Rationen nur die Schachtel mit den Zigaretten und höchstens noch die Schokolade. Den übrigen Inhalt warfen sie einfach weg. Diese Art Schachteln zu sammeln wurde mit einem Mal populär, und jeder, ob Kind oder Erwachsener bückte sich danach.

Frauen und Männer werden ins Dorfschulhaus beordert. Schußwaffen, Munition, Säbel, Foto- und Radioapparate sind abzuliefern. Alle Bewohner des Dorfes müssen registriert werden, ein vorläufiger Bürgermeister wird bestimmt.

Im Dorf ist der größte Bauernhof beim nächtlichen Beschuß getroffen worden und abgebrannt. Man munkelt, die Amerikaner hätten gezielt auf den Hof geschossen, weil der Besitzer für seine Führertreue bekannt war. Aus den Rotkreuzwagen der Lazarettkompanie hatten sie die Leute aus der Dorfmitte mit Wäsche und Verbandsmaterial versorgt, aber auch die gummibereiften Räder der Wagen abmontiert und sie für ihre landwirtschaftlichen Fahrzeuge auf die Seite geschafft.

In den Wiesen neben der Straße liegen Koppel, Auszeichnungen, Soldbücher und Ausrüstungsgegenstände herum. Auch im Hof der Mühle finden wir nach Tagen noch abgelegte Waffen, Gasmasken und Totenkopfabzeichen. Die Jungen des Dorfes sammeln all diese Dinge auf und tauschen untereinander seltene Auszeichnungen aus. Hoch oben am Waldrand, in einem abgelegenen Bombentrichter entdecken sie ein Maschinengewehr, bauen es auf und nehmen es zum Schrecken der Bewohner in Betrieb.

Die russischen und polnischen Männer und Frauen, ehemalige Kriegsgefangene und Fremdarbeiter, verließen die Höfe, auf denen sie gearbeitet hatten, schlossen sich zusammen und feierten die Befreiung. Es war nun Ende März, die Vorräte waren aufgebraucht und tagelang ernährten wir uns von der nichtabgeholten Milch. Dann griffen die Bauern zur Selbsthilfe. Auf dem Nachbarhof schlachtete der Bauer einen alten Ochsen und verteilte das Fleisch. Es war so zäh, daß man es nur durchgemahlen verwenden konnte. Anstelle von Brot aßen wir Frikadellen aus dem harten Ochsenfleisch.

In der Nacht brachen die ehemaligen Fremdarbeiter in die Gehöfte ein, auf denen sie vorher gearbeitet hatten und holten

sich die letzten Würste und Schmalztöpfe; sie nahmen noch andere Dinge mit, die ihnen brauchbar erschienen. Auch die Mühle suchten sie heim und ließen die noch bereitstehenden Bündel mit Kleidern, Leib- und Bettwäsche mitgehen. Auf diese Art verloren wir den über den Krieg geretteten und überall mitgeschleppten wertvollen Besitz.
Langsam drangen die ersten Nachrichten zu uns durch. Wir erfuhren, daß Großmutter durch den Schreck über den Einzug der Amerikaner erkrankt bei ihrer Schwester lag. Wege und Straßen durfte man nur betreten, wenn man einen gültigen Passierschein hatte. Durch den Wald konnte man auch nicht gehen, weil er ständig von der Straße her beschossen wurde.
Da entsann sich meine Mutter ihrer alten, von 1923 stammenden Carte d'identité, es klebte ein Jungmädchenbild von ihr darin. Kurz entschlossen machte sie sich damit auf den Weg nach Rohrbach. In dieser Zeit nahmen sich Frauen zu ihrem Schutz Kinder mit.

Und so begleiteten wir drei Mutter zum Nachbarort. Unterwegs, zwischen den beiden Dörfern stand ein Wachtposten und fragte uns nach dem Paß. Meine Mutter reichte ihm den längst ungültigen Ausweis. Er betrachtete sich das bezopfte Mädchen auf dem Paßbild eingehend und ließ uns passieren.
Meine Großmutter erkannte uns nicht. Sie lag im Bett und schaute an die Decke. Die Ereignisse der letzten Wochen hatten sie zu sehr verwirrt. Außerdem hatte sie erfahren, daß die Familie meines Vetters in ihrer Wohnung Unterschlupf genommen hatte und sie wußte nun nicht mehr, wo sie eigentlich zu Hause war. Einen Arzt konnte man nicht holen, so ließ Anna Großmutter ruhig in dem kleinen, weißen Zimmer liegen und versicherte ihr mehrmals am Tage, daß der Krieg zu Ende sei und nun alles wieder gut werde. Wir mußten am selben Tag vor Eintreten der Sperrstunde zur Mühle zurückkehren.

Unseren Radioapparat hatten wir natürlich nicht bei den Amerikanern abgeliefert, sondern in einem Winkel der alten Mühle verborgen. So konnte meine Mutter andauernd verfolgen, wie weit es mit Deutschland gekommen war. Wir erschraken, als wir den Kampf um Annweiler und Rinnthal vernahmen, und fanden die Gefechte im Wasgau sinnlos und überflüssig. Jeden Tag erreichten uns andere Hiobsbotschaften von Kämpfen in der Pfalz. Von meinem Vater kam schon monatelang keine Post mehr, wir wußten nichts von ihm. Aber auch die anderen Frauen, die Angehörige bei den Soldaten hatten, warteten vergeblich auf ein Lebenszeichen von ihnen.

In der Zwischenzeit begannen die Amerikaner, Häuser und Wohnungen zu beschlagnahmen und sich darin einzurichten. Sie suchten sich meist neuere, gut möblierte Höfe und Privathäuser als Quartiere, verjagten innerhalb weniger Minuten die Besitzer, die gerade mit dem, was sie am Körper trugen, fortgehen mußten. Es gab viel Aufregung in dem kleinen Dorf, wenn Familien aus ihren Wohnungen vertrieben wurden.

Die Ausgangssperre wurde langsam gelockert, man konnte ins Dorf gehen, Erkundigungen einziehen, durchgesickerte Neuigkeiten über die Zustände in unserer 15 Kilometer entfernten Heimatstadt erfragen. Aber alles, was man von den Leuten erfuhr, war niederschmetternd; wir machten uns Sorgen um unser Häuschen. Kein Postauto, kein Zug fuhr, keinem deutschen Fahrzeug war es erlaubt, auf der Straße zu fahren.

Den ersten größeren Weg zu Fuß machten wir, ein paar Tage nachdem die Amerikaner bei uns eingezogen waren, nach Winnweiler. Dort lagerten in einer ehemaligen Flakhalle gebrauchte Uniformen, die sich die Zivilbevölkerung holen durfte. Auf dem Weg über Lohnsfeld nach Winnweiler lagen rechts und links an der Straßenböschung frisch angehäufte Soldatengräber, meist mit Holzkreuzen und Stahlhelmen gekennzeichnet. Wir kamen in die Halle, standen auf den feldgrauen, stinkenden Wehrmachtsklamotten, die, zum Teil zerschnitten und verblutet, meterhoch übereinander auf dem Fußboden lagen und suchten nach brauchbaren Tuchmänteln und Jacken.

An diesem Tag kamen mir zum erstenmal die Tränen, ich ahnte was Krieg bedeutet, in welcher Gefahr wir uns befunden hatten.

Ich hatte mich in meinem Kinderleben stets gefürchtet, die unterschiedlichsten Ängste durchlebt, niemals habe ich sie alle überwunden. Sie haben sich in mich hineingesetzt, in rätselhafte Verstecke, unentdeckte Winkel. Keine Angst ging verloren, niemals war ich ohne sie; selbst in der Freude hatte ich noch Angst, daß mir der Grund der Freude zwischen den Fingern zerrinnen könnte. Die Angst wucherte, wurde größer mit mir, größer als ich selbst. Da war keiner, der zu mir sagte, du brauchst dich nicht zu fürchten, ich helfe dir. Ich mußte die Ängste alleine bewältigen. Es kann sein, daß ich die kleineren überwunden habe, die großen Ängste habe ich höchstens verdrängt, zugeschüttet mit dem Schutt des Teiles von mir, der von den Ängsten zerbrochen wurde.

Mutter setzte alle Hebel in Bewegung, um zu einem offiziellen Passierschein zu kommen, weil sie unbedingt in die Stadt wandern und nach dem Haus sehen wollte. Auf Umwegen hatte man sie benachrichtigt, daß Gesindel darin wohne.

Zu ihrem Schutz sollte sie mein ältester Bruder begleiten. Mit Proviant für zwei Tage versehen, machten sich Mutter und Sohn zu Fuß auf den Weg in die Stadt. Unterwegs mußten sie an endlos langen, auf der Straße wartenden Nachschubkolonnen vorübergehen. Die Soldaten johlten, pöbelten meine Mutter an, warfen aber auch Kekse, Kaugummi und Schokolade meinem Bruder zu.

In unserem Siedlungshaus waren die Läden und Fenster aufgebrochen, und fremde Menschen waren durch sie ein- und ausgestiegen. Regen und Schnee, die durch das lädierte Dach über Winter eingedrungen waren, hatten nicht nur meinen Vetter und seine Familie vertrieben, sondern auch Wände und Decken durchnäßt und teilweise zerstört.

Als meine Mutter die Haustür aufschloß, fiel drinnen im Haus etwas zusammen. Es stank wie die Pest. Die Eindringlinge hatten die Badewanne als Toilette benutzt, nachdem der Abort verstopft war. Halbleere Konservendosen, verschimmelte Küchenabfälle und ungespültes Geschirr häuften sich um den Küchenherd. Zeitungen und altes Papier, dick übereinander geschichtet, vermischt mit dem herabfallenden Verputz, vom Regen durchweicht, bedeckten den Fußboden. Zerbrochenes Porzellan und zersplitterte Scheiben knirsch-

ten unter den Schuhen. In den Dachsparren rasselte der Wind.
Die Fußbodenbretter waren von der Nässe aufgequollen und aus den Fugen geraten, die Fensterrahmen und die Zimmertüren waren verzogen und ließen sich nicht mehr schließen.
Die Amerikaner hatten bei einer späteren Haussuchung noch die Postkarten mit den Ritterkreuzträgern entdeckt und einzeln mit spitzen Küchenmessern in dem Nußbaumholz des Wohnzimmerschrankes aufgespießt. Selbst die mit dem Hakenkreuzsymbol verzierten Zeugnishefte von meinem Bruder und mir waren ihnen nicht entgangen.
Der Keller war leergeplündert; Kohlen und Holz verbrannt, das Eingemachte aufgegessen. Meine Mutter versuchte, den Unrat zu beseitigen, schlief eine Nacht in dem demolierten, fensterlosen Haus, fürchtete sich vor der eventuellen Rückkehr der Eindringlinge, bevor sie am nächsten Tag wieder zur Mühle ging.

Vor der Mühle teilte sich der Lohnsbach in zwei Arme. Einer davon durchfloß den Weiher, stürzte in den Turbinenschacht unter der Mühle und kam hinter dem Haus wieder ans Tageslicht. Der andere Arm rauschte glitschige Treppenstufen hinab, tauchte unter dem Weg, der zur Mühle führt, hindurch und zog in weitem Bogen außen am Garten vorbei. Hinter der Gartenmauer vereinigten sich beide Teilbäche wieder. Dazwischen lag eine Halbinsel. An der ausgefransten Uferböschung wucherten fleischige Sumpfdotterblumen. Im Erdreich der Insel hatten sich Wurzelwerk und Quecken ineinander verfilzt. Brombeeren waren eingewandert, die Ranken klammerten sich an Holunderbüsche. Bis zum Boden beastete Erlen und Ulmen ließen außer Enten, Gänsen nur noch ein paar Frösche an Land.
In diesem Frühjahr fragten wir die Bäuerin, ob wir uns auf der Landzunge einen Garten anlegen dürften. Meine Brüder und ich hackten das Unterholz und dürre Stengel ab, schichteten sie auf einen Haufen, schnitten Wege zum Bachlauf frei, rückten mit Hacken den Wurzeln zu Leibe, zogen widerspenstige, armlange Bodenanker aus der Erde und stachen mit dem Spaten den Sandboden um. Die Bäuerin schenkte uns Ableger und ein paar Knollen aus ihrem Garten, trennte

Stecklinge ab, gab uns eine Tüte Erbsen, eine Handvoll Bohnen. Wir legten die Samen in das Schwemmland, schöpften Wasser aus dem Bach, gossen die Saat an und wässerten die Pflanzkuhlen.
Täglich lief ich zur Insel, nachsehen, ob die Samen aufgingen; ich konnte kaum erwarten, die ersten Schößlinge zu entdekken; ich starrte auf jeden haarfeinen Riß im Sand, ob sich nicht ein Keimling durchzwängt.
In diesen Tagen fühlte ich mich frei und glücklich, ich spürte, daß sich ein Krampf in mir löste, daß eine Veränderung vorging, daß es außer Krieg und Angst noch etwas anderes geben mußte. Während ein warmer Regen fiel und die Tropfen sich von den Zweigen lösten, begann das Grün überall zu sprießen, die Bäume belaubten sich, erste Schlüsselblumen kamen heraus. Als ich nach fast zwei Wochen unseren Inselgarten wieder besuchte, standen die gerodeten Flächen voller frisch ausgetriebener Pflanzen. Die Schwertlilien ließen zwar noch ein bißchen den Kopf hängen, aber sonst war alles vom Grün überdeckt. Ich freute mich über den Erfolg. Vierzehn Tage danach kamen mir die Sprößlinge in unseren Beeten langsam verdächtig vor, sie hielten nicht die Reihen ein, in die wir die Samen gelegt hatten und sahen auch sonst keiner Nutzpflanze ähnlich.
Keine sechs Wochen später befand sich die Halbinsel wieder in ihrem ursprünglichen Zustand. Scharfkantige Schneidgräser und Löwenzahn behaupteten sich. Brennesseln standen dicht und üppig, wucherten in den gerodeten Beeten, gediehen zu kräftigen Stauden, wo wir das Erdreich aufgelockert hatten und breiteten sich auf der Landzunge aus. Sie gediehen unvergleichlich besser als alle übrigen Gewächse. Sie schossen aus dem Boden und unterdrückten die Kulturpflanzen. Auf der Insel war von unserer Arbeit nichts mehr zu sehen, die tagelange Schinderei war umsonst gewesen.

Die Bauern arbeiteten wieder auf den Feldern. Was im Herbst durch den Tieffliegerbeschuß nicht mehr rechtzeitig bestellt worden war, mußte jetzt nachgeholt werden. In diesem Frühjahr zogen sie den Rechen besonders sorgfältig über die Winterwiesen. Überall lagen Patronenhülsen, Splitter und naßgewordene Munition verstreut. In den Äckern schaufelten sie vor der Bestellung die Bombentrichter und die tiefen Gräben zu, die Panzer aufgewühlt hatten.

Hör mal, wird da nicht eine Sense gedengelt? fragte mich meine Mutter, als wir am Abend vor der Tür standen. Gleichmäßiges Schlagen auf einen Amboß klang vom Nachbarhof herüber. Ich hörte diesen friedlichen Ton gern, er beruhigte mich.

Die Felder der in Gefangenschaft geratenen Bauern, die Äkker der Kriegswitwen, die ohne Mann den Hof weiterführten, wurden von den wenigen rüstigen Männern im Dorf mitbestellt. Pferde, die als Zugtiere von der Wehrmacht beschlagnahmt worden waren, mußten durch Rindvieh ersetzt werden. Auf vielen Höfen suchte man die alten, ledernen Zuggeschirre für die Kühe wieder hervor und spannte Ochsen oder Milchkühe vor Pflug und Leiterwagen.

Die Bäuerin hatte das hölzerne Butterfaß vom Speicher geholt und sauber geschrubbt. Die Milch wurde gleich nach dem Melken durch die Zentrifuge gedreht und entrahmt. Über zwei, drei Tage wurde der Rahm gesammelt. Dann stellte die Bäuerin das Butterfaß vor sich auf die Erde, schüttete die Sahne hinein, nahm den Stößel, stampfte im gleichmäßigen Takt, bis sich das Fett von der schwappenden Milch trennte, zuerst in Flocken, dann in einem Ballen am Stempel klebte. Sie nahm die Butter aus dem Behälter, knetete sie in einer Schüssel mit frischem Wasser durch, formte sie anschließend zu ovalen Laibern und verzierte sie mit dem Löffelstiel. Die angesäuerte Buttermilch schüttete sie in graue Steinkrüge.

Der alte Burkardt, der Korbmacher vom Schmitterhof, hatte an den Bachläufen und in den feuchten Wiesentälern längst die biegsamen Ruten von den Kopfweiden geschnitten und sie in großen, wassergefüllten Brenken eingeweicht. Nun saß er vor der Mühle auf dem Hocker in der Aprilsonne und flocht Weidenkörbe, so wie jedes Jahr: Einige Kartoffelkörbe, Graskörbe in verschiedenen Größen, stabile Holzkörbe.

Im Mai kam die Nachricht zu uns, daß Hitler tot sei und Dönitz kapituliert habe. Deutschland war besiegt, der Krieg endgültig vorbei.

Im Juni spannte der Bauer seine Pferde vor die gummibe-

reifte Rolle, lud unsere Habseligkeiten auf, holte Großmutter ab, hob sie auf den Wagen und brachte uns zurück nach Kaiserslautern. Die Bäuerin hatte als Abschiedsessen Kartoffelpuffer für uns gebacken. Die Pfannkuchen fielen auf den sandigen Bretterboden des Bauernwagens. Wir aßen sie trotzdem mit großem Appetit.
Unverändert stand das kleine, mit Tarnanstrich versehene Haus am schmalen Sandweg in der Siedlung. Die Läden waren geschlossen, man sah nicht die notdürftig geflickten Fenster, das halb abgedeckte Dach, noch den heruntergefallenen Verputz.
Mit wildem Geschrei nahmen wir Besitz von unserer verlassenen Wohnung, dem verwahrlosten Garten, dem Hof und dem Spielplatz. Nachbarn liefen vorbei und berichteten, daß unser Vater auf dem Weg nach Hause sei. Wir glaubten ihnen nicht, da wir beinahe ein halbes Jahr keine Post mehr von ihm erhalten hatten.

15

Alle Menschen in Deutschland müssen jetzt beim Punkte Null wieder neu beginnen, sagte meine Mutter zu mir.
Die großen Fabriken und die Villen der Reichen sind genauso zerstört wie die Häuser und Wohnungen der Armen. Der Krieg hat alle Menschen gleich gemacht. Alle haben den Krieg verloren. Wir müssen nun ganz unten und von vorn beginnen. Ich glaubte ihr aufs Wort.
Ein Gang durch die schmalen Pfade zwischen den Schuttbergen der Innenstadt, ein Blick auf die hohläugigen Fassaden der Schulen, auf ruinierte Kirchen und ausgebrannte Wohnhäuser schienen ihre Ansichten zu rechtfertigen. Die Innenstadt glich einem einzigen Trümmerhaufen und wurde von uns gemieden.
Alle Menschen waren gleich arm: Ich sah täglich die abgehärmten Frauen mit Handwagen und Kleinkindern in den nahen Wald ziehen und Brennholz sammeln.
Alle Menschen hatten gleich wenig zu essen: Jeden Vormittag standen alte Leute, Frauen und Kinder in langen Schlangen vor dem Gemüseladen oder dem Fischladen wegen einer win-

zigen, rationierten Zuteilung an, und frühzeitig hing das Schild ›Ausverkauft‹ an der Ladentür.
Keiner besaß Schuhe oder Kleider: Der aus Gefangenschaft zurückgekehrte Nachbar klopfte Sandalen aus abgefahrenen Autoreifen und Draht zusammen; er hatte lange Wartelisten, ehe man ein Paar gegen Lebensmittel eintauschen konnte. Sein eiserner Schusterdreifuß stand vor der Haustür, wir hörten ihn von früh bis spät hämmern.
Alle Menschen waren damit beschäftigt, das einfache Leben zu organisieren. Die meisten Familien waren auseinandergerissen, mußten sich provisorisch einrichten, bei Bekannten und weitläufigen Verwandten einen notdürftigen Unterschlupf suchen. In einem kleinen Siedlungshaus, das meist nur aus zwei Zimmern und Küche bestand, wohnten mitunter drei Familien. Die Leute behalfen sich mit Kriegsrezepten, die die alten Leute nicht vergessen hatten.
Im August 1945 brachten mir die Nachbarskinder bei, daß man, wenn man außer auf Marken Brot haben wollte, Ährenlesen gehen müsse. Sie nahmen mich auf die abgeernteten Stoppeläcker mit. Barfuß lief ich über die Felder, stieß meine nackten Zehen an den harten Stoppeln blutig, bückte mich nach jeder einzelnen Ähre, stopfte sie in den mitgebrachten Sack, suchte besonders an den Rändern der Äcker nach liegengebliebenen Halmen. Die Grannen von Gerste und Korn stachen in die Haut der Finger. Die Sonne brachte den Sand der Feldwege zum Glühen, die Fußsohlen schmerzten beim Auftreten, ich suchte mir auf den Grasbüscheln am Wegrand einen begehbaren Pfad.
Man zeigte mir, wie man mit einem dicken Holzknüppel auf den locker zugebundenen Sack eindrischt, damit die Getreidekörner aus den Ähren springen. Danach schüttete ich Spreu und Körner aus dem Fenster des ersten Stockwerks auf ein großes, ausgebreitetes Tuch. Der Wind blies die Spreu fort, unten kamen die schweren Körner gereinigt an. Sie wurden abgewogen und beim Bäcker gegen fertiges Brot eingetauscht. Jeder von uns Geschwistern schloß sein Brot weg oder versteckte es so gut, daß es der andere nicht finden konnte.
Die älteren Kinder hatten bald herausgebracht, daß in amerikanischen Soldatenküchen reichlich Abfälle anfielen und

hielten sich dort in der Nähe auf. Ab und zu durften sie als Küchenhilfe einspringen und kleine Handreichungen machen. Sie wurden mit Lebensmittel belohnt. Meine Mutter ließ mich nicht dorthin gehen, für Mädchen war es dort viel zu gefährlich.

Die einzige Verlockung für uns waren aufgelöste Militärlager mit allerhand Brauchbarem, der alte Exerzierplatz unterhalb der Kaserne, auf den die Besatzungstruppen Wehrmachtsgut kippten. Ein sehr begehrtes Nachkriegsobjekt waren die runden Kanonenbürsten. Außerhalb der Kaserne standen alte, nutzlos gewordene Geschütze herum, in deren Rohre diese Art von Bürsten staken. Mit einem Fleischmesser zerschnitt meine Mutter die hohlen Rundbürsten in sechs gleiche Teile. Sie tauschte sie als begehrte Waschbürsten bei den Bauern in der Umgebung gegen Mehl, Butter und Eier. Der Tauschhandel begann in großem Umfang.

Alle erdenklichen Gegenstände wurden nach ihrer Tauschbarkeit beurteilt. Den Gegenwert stellten selbstverständlich Lebensmittel dar. Die Frauen hatten die Vorkriegspreise im Kopf, danach richtete sich die Bewertung der Waren. Ab und zu mußte man sich auf einen Ringtausch einlassen. Wenn alle Bekannten in der Westpfalz schon Kanonenwaschbürsten besaßen und keine weiteren mehr gebraucht wurden, tauschte man in der Vorderpfalz Bürsten gegen Rohtabak ein, danach in der Westpfalz Rohtabak gegen Brot und Butter.

Fragebogen wurden verteilt, sie lagen auf dem Küchentisch und waren auszufüllen, jede Woche ein anderer. Laut las meine Mutter die Fragen vor, auf die sie nicht sofort eine Antwort geben konnte. Eingedenk der neuesten Erkenntnis, daß es besser ist, nur die Wahrheit in abgeschwächter Form preiszugeben, beobachtete ich, was die Furcht den Menschen lehrt.

Die jüngste Vergangenheit wurde schnell zur Legende. Die bisher gebrauchten Wörter Nationalsozialist, Führer, Parteimitglied, Held, Ritterkreuzträger wurden aus der Umgangssprache gestrichen. Dafür hörte man jetzt, er wurde zum Parteieintritt gezwungen, sein Vorgesetzter bestand auf dem Parteieintritt, er war nur ein Mitläufer.

Plötzlich erschienen mir viele Menschen in einem anderen Licht. Persönlichkeiten, die bisher eine wichtige Rolle in der

Öffentlichkeit gespielt hatten und von allen Nachbarn achtungsvoll gegrüßt wurden, verkrochen sich hinter ihrer Gartenhecke und wurden zu fanatischen Kleingärtnern, pflanzten Salat und Gemüse, zogen Tabakpflanzen und beschnitten Obstbäume. Sie vermaßen ihre Gartenbeete mit dem Rechenstiel, trennten sie durch akkurat getretene Pfade voneinander und faßten sie mit Steinen oder Flaschen ein. Sie machten die Siedler mit der Vergasung von Maulwürfen und Wühlmäusen vertraut und klärten sie über die Vertilgung der Obstbaumschädlinge auf. Im Frühjahr zogen freiwillige Mannschaften durch die Straßen und zerstäubten Giftbrühe über den Bäumen.

16

Im Herbst 1945 begann der Unterricht in Kaiserslauterns Schulen. Ich kam in die erste Klasse einer Oberschule. Die Schule war durch die Fliegerangriffe arg in Mitleidenschaft genommen. Das Dach war zerstört, die Balken im Dachstuhl verbrannt, die Aula zusammengefallen und der Haupteingang nicht benutzbar. Viele Schulsäle im obersten Stockwerk waren unbrauchbar geworden. Dazu teilten sich noch zwei weitere Schulen die restlichen Räume.
Jeden Morgen, Viertel nach sieben, verließ ich pünktlich das Haus und machte mich zu Fuß auf den Schulweg. Wenn ich später wegging, stand ich am Nordbahnhof vor den geschlossenen Bahnschranken. Außer der Schultasche schleppte ich im Winter jeden Tag einen Beutel mit Brikett oder Brennholz, Zeitungspapier und Streichhölzern mit. Die Schulsäle wurden mit kleinen, eisernen Zimmeröfen beheizt, deren Ofenrohre durch die mit Pappe und Sperrholz zugeschlagenen Fenster ins Freie reichten. Das Brennmaterial brachten die Schülerinnen mit. Man hatte mich in meiner Klasse zum Heizer gewählt, weil ich Feuer anzünden konnte. Sobald starke Regenfälle, Frost oder Tauwetter einsetzten, hatten wir jedoch schulfrei. In dem stark mitgenommenen Schulhaus, das jahrelang ohne dichtes Dach dastand, brachen die Leitungsrohre. Das Wasser ergoß sich in Strömen vom obersten Stockwerk durch das Treppenhaus bis in den Keller, staute

sich dort, so daß auch noch der Strom abgeschaltet werden mußte.
Meine Hände waren während des Unterrichts ständig klebrig vom harzigen Kienholz, rußverschmiert vom Feuerschüren und vom Aufrütteln der Glut. Dauernd war ich mit dem Ofen beschäftigt, weil das meist frischgeschlagene Holz nicht brannte, immerzu näßte und rauchte. Im Schulsaal hing der Qualm, so daß die Schüler die Tafel nicht mehr sehen konnten. Schüler und Lehrer saßen in Mänteln, mit Schals und mit Mützen in den Bänken, die Augen tränten.
Meine Fingernägel und die Nagelbetten wurden vom ständigen Feuermachen nicht mehr sauber, auch wenn ich sie noch so sehr bürstete. Ich schämte mich sehr vor Lehrern und Mitschülern wegen meiner ungepflegten Hände.
Schulbücher, Hefte und Zeichenblöcke gab es nirgendwo zu kaufen. Man konnte sich glücklich schätzen, Bücher von älteren Geschwistern, die vorher die höhere Schule besucht hatten, zu übernehmen. Ich besaß keine, deshalb mußte ich alle Lektionen, die Grammatik und die Wörter abschreiben. Doch das Papier dazu fehlte ebenfalls. Ständig war ich auf der Jagd nach leeren Seiten, die ich mir zu Heften zusammenbinden konnte. Ich durchstöberte sämtliche Schränke und Schubladen, ich suchte im alten Schließkorb auf dem Speicher. Bei Verwandten bettelte ich um alte, halb vollgeschriebene Schulhefte. Zum Glück warf man früher nicht alles gleich weg, und so manche Tante hatte sich ein Schönschreibheft aufgehoben, weil in roter Tinte eine 1 unter der Übung prangte. Mit diesen kostbaren Funden ging ich zum Unterricht. Ich drehte das Heft einfach auf den Kopf und fing am hinteren Ende an. Das ging so lange, bis ich sämtliche Bestände durchwühlt und alle verwertbaren Hefte aufgebraucht hatte. Dann wurde jedes einzelne Blatt, jede unbeschriebene Seite zum wertvollen Besitz. Ich erkannte den Wert des Papiers. Wenn ich eine freie Seite fand, teilte ich den Platz darauf ein. Ich schrieb in winzigen Buchstaben, um ja viel darauf unterzubringen. Aus alten, gebrauchten Heften versuchte ich, so gut es ging auszuradieren, was mit Bleistift geschrieben war. Jede nur halb vollgeschriebene Seite trennte ich vorsichtig heraus. Von den sentimentalen Korrespondenzen meiner Mutter, häufig auf zartem Rosa oder Hellblau, schnitt

ich die meist ungenutzte zweite Seite ab und verleibte sie meinem Schülervorrat ein.
Außer dem Beutel mit Heizmaterial hatten wir später noch einen Behälter für die Schulspeisung mitzubringen. Ich stand in der langen Reihe vor den Kübeln mit Linsensuppe oder Reisbrei, die die Quäker, die Mennoniten oder die Schweizer für uns gestiftet hatten und ließ mir mein Aluminiumtöpfchen füllen. Jahre hindurch roch es im Schulhaus nach den täglichen Speisen.
Häufig kamen Besucher in die Klassen, die sich ein Bild von der Schulsituation nach dem Krieg machen wollten. Der Lehrer stellte die Schülerinnnen der Reihe nach vor: Das ist die Tochter des Herrn Pfarrers, dies die Tochter vom Herrn Direktor ..., dies das Töchterchen von Herrn Baurat ..., dieses Mädchen heißt Keller, sie kennen doch den bekannten Arzt ... und dies hier ist unsere Liese, und er deutete auf mich.
Lehrer, die zum erstenmal in die Klasse kamen, griffen nach dem Klassenspiegel, lasen ihn und fragten sofort die Töchter mit den bekannten Familiennamen, ob sie mit dem Arzt oder Unternehmer verwandt seien. Die Mädchen stellten sich, nickten und sagten stolz, das ist mein Vater.
Da begriff ich: Alle Menschen fingen wieder beim Punkte Null an, nur daß es verschiedene Familien gab.
In Erdkunde nahm ich außer Deutschland noch dreimal die Geographie Frankreichs durch, weil die Franzosen in der Zwischenzeit die Amerikaner als Besatzungsmacht abgelöst hatten. In der französischen Zone war es Vorschrift, Frankreich gut kennenzulernen.
Religion avancierte zu einem der wichtigsten Fächer, Religionsstunden standen oft auf dem Stundenplan. Die Schülerinnen lasen bei Stundenbeginn Monatslosung, Wochen- und Tagesspruch der Reihe nach vor, dann sprach der Pfarrer ein Gebet, das gemeinsame Glaubensbekenntnis folgte, die Schülerinnen sangen ein Gesangbuchlied. Es entstand eine Liturgie, die auch am Ende jeder Stunde eingehalten wurde. Mädchenkreis und Bibelstunden wurden gern und stark besucht. Im Präparanden- und Konfirmandenunterricht lernten wir den Katechismus, viele Psalmen, ganze Textpassagen aus dem Neuen Testament und unzählige Gesangbuchlieder auswendig. Jeden Sonntag mußten wir den Gottesdienst in der

kleinen, einzig brauchbaren und daher immer überfüllten Kirche in der Stadt besuchen.
Eigentlich wären meine Nachmittage mit Texte abschreiben, auswendig lernen und Wörter pauken ausgefüllt gewesen, aber dazu kam es nie.
Nach dem Muster anderer Ziegen- und Schweineställe in der Siedlung war eine Bretterbude hinter unserem Haus entstanden. Die Ritzen zwischen den Brettern wurden von innen mit Stroh zugestopft, von außen mit Dachpappe abgedichtet.
In dem engen Raum wurden eine Ziege, ein Schwein, acht Hühner und ein Hahn untergebracht. Vorn, vor der niedrigen, schrägbedachten Bretterhütte stand der Hasenkasten, in dem je nach Jahreszeit zwischen zehn und zwanzig Stallhasen saßen.
Der Tag begann mit Füttern und Melken, beinahe wie bei den Bauern. Nach der Schule und dem schnell hinuntergegabelten Essen war im Garten Unkraut zu jäten, Pflanzen zu setzen, zu gießen, zu hacken. Gegen Abend lagen Sichel und Grastuch bereit, das Grünfutter für die Hasen und die Ziege mußte herbeigeschafft werden.
An jeder Straßenböschung, an jedem Wegrand, auf dem Grünstreifen vor der Kaserne, überall wo ich hinkam, waren schon längst vor mir die vielen Tierhalter gewesen und hatten das Gras bis auf die Wurzeln abgeschrubbt. Ich lief kilometerweit, schaute mich nach dem Feldschütz um und sichelte auch einmal einen Meter weiter als erlaubt in die Wiesen der Bauern hinein. Stehlen zählte zu den Tugenden; man durfte sich nur nicht dabei erwischen lassen. Taten wir es nicht, waren wir verraten und verkauft. Die Erwachsenen gingen mit schlechtem Beispiel voran, auf Dickrüben- und Kartoffeläckern beteiligten sie sich unrechtmäßig an der Ernte. Kleine Knirpse standen Schmiere, während Vater und Mutter auf den Feldern Krautköpfe abschnitten, Kartoffelstöcke herauszogen und die Knollen schnell in einem Sack verschwinden ließen.
Im Wald Bäume zu fällen wurde nicht als Frevel oder Diebstahl angesehen, der Wald gehörte schließlich allen. Der Samstag war vollkommen der Gartenarbeit, der Stallreinigung und dem Holzholen vorbehalten. Mit Reisigbesen aus

zusammengebundenen Birken- oder Ginsterzweigen kehrten wir schließlich den Hof und die Straße vor dem Haus.
Nach dem Abendessen sollte ich häufig noch das Geschirr abwaschen. Ich versuchte Mutter klarzumachen, daß ich doch noch Hausaufgaben zu erledigen und französische Wörter zu lernen hätte. Aber sie betrachtete dies als eine faule Ausrede, als einen Vorwand, um mich von der Küchenarbeit zu drücken. Wenn ich mich auch noch so sehr gegen ihre Vorwürfe und ihre Unterstellungen wehrte und ihr plausibel machen wollte, daß alles seine Richtigkeit hatte, so sah sie es doch niemals ein.
Sie erzählte die Geschichte ›meiner Ausreden‹ jahrelang und wollte damit nur meine Abneigung gegen die Hausarbeit belegen. Ich wußte selbst sehr wenig über mich, aber Mutter sagte, du willst nur nicht, ich kenne dich.

Im Herbst besorgten wir in der Apotheke Brunstpulver für unsere Ziege. Nächstes Frühjahr sollte das Tier unbedingt wieder ein Junges zur Welt bringen, damit es genügend Milch für unsere Familie gebe. In den vergangenen drei Jahren hatte die Ziege bisher nur ein einziges Zicklein geworfen, und beim Melken floß die Milch spärlich in den Topf.
Der Geißbockstall lag in einer Laubenkolonie mitten in der Stadt. Mein Bruder und ich fuhren die Ziege mit dem Handwagen, weil sie den weiten Weg dahin nicht lief. Unterwegs, ausgerechnet vor dem grüngestrichenen Wohnblock, in dem einige meiner Lehrer wohnten, sprang das Tier aus dem Wagen. Trotzig stand sie da und stemmte die Beine steif gegen den Boden. Wir gaben ihr gute Worte: Lorchen, komm doch! Wir suchten nach grünen Blättern und lockten sie damit. Vergeblich! Wie angewurzelt blieb sie auf der Stelle stehen. Ich zog sie am Halsband; wir schoben sie und nahmen sie an den Hörnern. Umsonst! Sie meckerte laut mitten auf der Straße. Ihre Rückenhaare sträubten sich. Sie senkte den Kopf zum Angriff. Leute blieben stehen, sahen uns bei unseren Bemühungen zu und gaben uns gute Ratschläge. Ich schwitzte, hatte Angst, ein Lehrer könnte aus dem Fenster schauen oder aus der Haustür kommen und mich mit meiner Ziege sehen. Ich war verzweifelt.

In der höheren Schule überraschte mich, daß nach jeder Stunde ein anderer Lehrer zur Tür hereinkam. Die Fächer wechselten nach fünfundvierzig Minuten; kaum hatte ich mich an die Sprache, an die Art und Weise des Unterrichts eines Lehrers gewöhnt, läutete es und der nächste erschien.
An meinen Französischlehrer, den ich sechs Jahre lang ununterbrochen in dem Fach hatte, denke ich gern zurück, weil ich von ihm mehr profitiere als in allen Lehrbüchern stand. Er brachte mir außer einer hervorragenden Aussprache, die Ableitung deutscher, französischer und englischer Ausdrücke von den ursprünglichen lateinischen Stammwörtern bei.
Seine auffallende Höflichkeit uns kleinen Mädchen gegenüber und seine stille, zurückhaltende Art waren für mich damals außergewöhnlich. Er bat, anstatt zu befehlen; er redete mit ruhiger Stimme, selbst wenn er sich ärgerte; er belebte seinen Unterricht mit praktischen Beispielen, ich lernte die Fabeln von La Fontaine und französische Volkslieder. Er gab uns das Gefühl, Damen zu sein; ›Nur in der Grammatik gehen die Männer vor!‹ Vor dem Krieg hatte er jahrelang in Frankreich gelebt und wurde nicht müde, uns französische Umgangsformen und Lebensgewohnheiten näherzubringen. Er lud frühzeitig französische Lehrer und Studenten zu uns in die Klasse ein. Wir konnten Fragen stellen.
Was ich aus dem Mund der Lehrer lernte, konnte ich gleich behalten, verband ich mit dem, der es ausgesprochen hatte. Es blieb in meiner Erinnerung haften. Aber es gab auch Lehrer, von denen ich nichts lernte, die durch ihre Art zu sprechen, durch ihre andauernde Unzufriedenheit mit uns Schülern, durch ihr Nörgeln in mir Abneigung und Mißfallen hervorriefen. Vor den Lehrern, die mit Schlüsselbund und Schimpfwörtern um sich warfen, wäre ich am liebsten unter die Bank geflüchtet.
Fräulein Fink war eine Lehrerin, wie man sie sich wünscht. Ihr war ich vom ersten Tag an verfallen. Sie unterrichtete in den ersten drei Jahren Deutsch, Mathematik und Erdkunde in meiner Klasse. Ich war so sehr von ihr überzeugt, daß ich, als man mich zu den Auswärtigen zählte und in die Parallelklasse versetzte, tagelang weinte, bis ich wieder in ihre Klasse zurückkehren durfte. Sie stand meist auf den Zehenspitzen, weil sie nicht größer als die elfjährigen Schülerinnen

war, vorn am Pult. Bei ihr gab es keinen Unterschied zwischen den Schülerinnen, sie ließ jede zu Wort kommen, und sie rückte die Fähigkeiten der einzelnen Schülerinnen ins richtige Licht. Fräulein Fink freute sich, wenn man gut mitarbeitete und hatte eine Art jemanden zu loben, die man nicht als Bevorzugung empfand; auch ihre Kritik tat niemandem weh. Sie unterrichtete seit vielen Jahren an der Schule und hatte bestimmt davon gehört, daß ihr die Schülerinnen einen Spitznamen gegeben hatten; es störte sie nicht. Sie hielt einen gewissen Abstand ein, den ich vielleicht heute mit Autorität bezeichnen würde. Sie beeindruckte nicht durch ihre Lautstärke, sondern durch ihre Lebensfreude und ihre spontane Art. Ihre Aufsatzthemen waren stets aus dem Leben gegriffen, jede konnte etwas schreiben: Ich taste mich durchs dunkle Zimmer. Was unsere Schulzimmerlampe erzählt.

Im Deutschunterricht der Mittelstufe war es üblich, Hausaufsätze zu schreiben. Meistens handelte es sich bei den Themen um Phantasieaufsätze und Bildbeschreibungen. Der Lehrer setzte voraus, daß man zu Hause Bücher mit Abbildungen alter Meister zur Verfügung hatte. Ich ging heim, fragte meine Mutter, welches Bild ich für den Aufsatz nehmen soll. Sie gab mir ein Motiv mit einer blinden Frau, die einen Krug auf dem Kopf tragend über die blühende Heide ging.

Als der Lehrer die Aufsätze korrigiert und sie in der Klasse verteilt hatte, behielt er meinen zurück und las ihn als negatives Beispiel vor. Das Bild, das ich beschrieben hatte, erschien ihm zu kitschig. Er stellte mich vor der ganzen Klasse bloß: Natürlich die Liese ...

Er fragte nicht nach dem Grund, warum ich dieses Bild und kein anderes genommen hatte, sondern machte mich einfach lächerlich. Aufsätze zu schreiben fiel mir von Mal zu Mal schwerer, zuletzt fürchtete ich mich regelrecht davor. Ich mußte meine Ideen für mich behalten.

In der dritten Klasse bekam ich Englisch als zweite Fremdsprache und Latein als Wahlfach dazu. Die Töchter der Pfarrer, Ärzte und Lehrer gründeten einen Freundeskreis, den sie Consilium nannten, steckten die Köpfe über den Büchern zusammen und trafen sich auch außerhalb der Schule. Sie nahmen mich nicht in ihrem Kreis auf, angeblich weil ich zu weit

außerhalb der Stadt wohnte und nicht zu ihren nachmittäglichen Treffen kommen könnte. Sie trafen sich bei der Klavierlehrerin, liehen sich gegenseitig Bücher aus ihren und ihrer Eltern Bibliotheken aus. Der getreue Ekkehard war eines dieser vielgelesenen und besprochenen Bücher. Ich hätte etwas dafür gegeben, es auch einmal lesen zu dürfen, leider wußte ich nicht, wie ich es mir beschaffen sollte. Der Nullpunkt des Neubeginns lag also doch auf verschiedenen Ebenen.
Zuerst gab ich wieder meiner dialektgefärbten Sprache die Schuld, wenn ich bei den Zusammenkünften der Schulkameradinnen nicht dabeisein durfte. Aber bald merkte ich, daß es daran nicht liegen konnte; sie sprachen das gleiche Pfälzisch wie ich. Der Dialekt schränkte mich nicht ein.
Die Töchter aus gutem Hause hatten ein anderes Auftreten, waren nicht so untertänig, so einsichtig, so rücksichtsvoll. Selbstbewußt traten sie in den Vordergrund. Für die Mädchen aus besseren Familien waren die Anerkennung der Lehrer, das Schulgeld und die Schulbücher selbstverständlich. Sie besaßen Literaturbände, Musikinstrumente und -noten, ohne darüber eine besondere Freude zu empfinden. Diese Dinge waren einfach für sie da, sie gehörten zu ihrem Alltag und waren untrennbar mit ihrem Elternhaus verbunden. Die Mädchen waren an den Besitz gewöhnt und brauchten sich dafür nicht anzustrengen.
Monatlich war ein Schulgeld von 24,– Reichsmark zu zahlen. Die gutgestellten Eltern hatten bei der Bank einen Dauerauftrag laufen. Wurde das Schulgeld einmal im Monat eingesammelt, stellten sich diese Töchter und sagten kurz, wird überwiesen. Meine Mutter vergaß manchmal mir das Geld mitzugeben, ein andermal hatte sie keine 24,– Reichsmark, und es dauerte ein paar Tage, bis ich das Geld mitbringen konnte. Ich schämte mich vor allen Klassenkameraden, tagelang wiederholen zu müssen, daß ich das Geld vergessen habe.
Schülerinnen hatten von den Bänken aufzuspritzen, wenn eine Lehrkraft zu Beginn der Stunde das Klassenzimmer betrat, und mit einem einheitlichen Guten Morgen zu grüßen. Dies wurde ausgiebig einstudiert. Klopfte es während der Stunde, brachte ein Kollege ein Rundschreiben oder sonst eine Liste herein, hatte die Klasse ebenfalls ruckartig aufzustehen und stramm neben der Bank zu verharren.

In der Schule wurde jedes Detail statistisch erfaßt; nicht nur Name, Geburtsdatum, der Beruf des Vaters und die Kinderzahl wurden schriftlich festgehalten. Ob man ein eigenes Zimmer hatte, zu wievielt man in einem Bett schlief, alle Daten wurden laut und vernehmlich im Klassenzimmer aufgerufen und abgefragt. Wir waren drei Geschwister und schliefen in einem Zimmer, das man nicht heizen konnte. Die Hausaufgaben schrieben wir am Küchentisch. Lediglich im Sommer stand ein winziger Nähtisch im Kinderzimmer am Fenster, an dem auch nur einer schreiben oder lesen konnte.
Trotzdem ging ich gerne zur Schule. Als ich nach sechs Jahren mit der Obersekunda-Reife die Schule verlassen und mir eine Lehrstelle suchen mußte, weinte ich, weil ich gerne weitergemacht hätte. Mädchen heiraten ja doch, so hieß es in meiner Familie, und außerdem hatte ich noch zwei Brüder. Ich war eine Mädchen-heiraten-ja-doch-Tochter, obwohl ich mich in meinen Träumen als Lehrerin gesehen hatte.

17

Du bekommst mein Geld nicht, du bist ein Sozi, rief sie. Erregt stieß sie mit ihrem Gehstock auf den Boden und gab damit ihrem Satz noch mehr Kraft.
Sozis kriegen von mir nichts, die sind noch schlimmer als der Kaiser; an den habe ich 14/18 mein Geld verloren.
Nein, du bist ein Sozi, du bekommst mein Geld nicht!
So überlegt doch, eine Werkstatt ist doch eine Sicherheit, eine Kapitalanlage, es ist doch etwas für das Geld da. Ich werde eine Werkstatt bauen für Eure Tochter und Eure Enkel.
Nein, niemals, nicht mit meinem Geld! Damit kannst du nicht rechnen. Wenn du schon so ein tüchtiger Handwerker sein willst, schaffst du es auch allein.
Ich war die Treppe hinaufgelaufen, als ich oben das laute Stimmengewirr gehört hatte, und stand vor der geschlossenen Tür. Mein Vater als Bittsteller bei Großmutter, so etwas hatte ich noch nicht erlebt. Ich wußte nicht, daß Großmutter soviel Geld besaß und meinen Vater darüber hinaus noch einen Sozi nannte.

1945, im Juni, der Krieg war vorbei, wir hatten ihn alle überlebt. Vater, von der Deutschen Wehrmacht noch entlassen, erwartete im Bayrischen Wald die Amerikaner. Am Pfingstmontag kam er zu Hause an. Auf direktem Wege, so erzählte er, sei er vom Bayrischen Wald bis in die Pfalz gefahren. Er hatte auf einem Bauernhof gegen seine Arbeitsleistung ein gebrauchtes Fahrrad eingetauscht. Auf der Landkarte zog er mit einem Lineal einen Strich quer durch Deutschland und versuchte, auf dem kürzesten Weg die Heimat zu erreichen. Sobald die Kapitulation der Deutschen unterschrieben und der Krieg beendet war, machte er sich mit seinem Fahrrad auf den Heimweg. Unterwegs verdingte er sich immer wieder für einen oder zwei Tage bei einem Bauern gegen Essen und Marschverpflegung. In einer viel zu weiten Hose, in einer Jacke, die er einer Vogelscheuche ausgezogen hatte, und mit dem Entlassungsschein der Wehrmacht in der Tasche, passierte er alle Militärstreifen und die verschiedenen Zonengrenzen.

Er schaffte es zunächst bis zum rechten Rheinufer, mußte dann hundert Reichsmark bieten, damit ein Paddelbootbesitzer ihn samt seinem Fahrrad über den Strom brachte. Abgerissen, verdreckt, übermüdet, das Hinterrad seines Fahrrades notdürftig mit Bindfaden umwickelt, mit einer schäbigen grauen Wehrmachtsdecke, einer Feldflasche und einem Brotbeutel, kam er bis Weidenthal. Dort hielten ihn die Franzosen an, und weil er keinen Entlausungsschein vorzeigen konnte, mußte er für eine Nacht ins Gefängnis. Am nächsten Morgen ließen sie ihn wieder ziehen.

Sein abgezehrtes Gesicht war verwittert, Krähenfüße faßten seine Augen ringsum ein, aber glückstrahlend stieg er vor unserem Siedlungshaus vom Sattel. Haus und Garten waren voller Licht und Sonne. Leuchtendrot blühten die Pfingstrosen im Frühsommer. Uns Kindern erzählte er, daß er seine Schätze unter einem dicken Baum im tiefen Bayrischen Wald vergraben habe und daß wir, wenn wir eines Tages dorthin führen, sie ausgraben und mit nach Hause nehmen würden.

Meine Großmutter, meine Eltern und wir drei Kinder saßen wieder unter dem notdürftig geflickten Dach beisammen. Mein Vater war ohne Arbeitsstelle, Großmutter krank, an

Kleidern und Schuhen besaßen wir das, was wir anhatten. Die Schränke, der Keller, die Wohnung, alles war geplündert. Der Garten lag verwahrlost und verwildert.
Die Betriebe lagen still und zerstört, es hatte keinen Zweck, nach Arbeit zu fragen. Vater besaß ein Fahrrad und ein paar Werkzeuge, eine Rohrzange, Lötkolben, Schraubenzieher, Hammer und Beißzange. Damit begann er. Zunächst machte er Besuchsfahrten bei ehemaligen Berufskollegen und Kriegskameraden. Nach all den Jahren war in jedem Haus irgend etwas zu reparieren, zu löten, zu dichten, einzufetten. An den bombenbeschädigten Häusern der Stadt, die nach den Fliegerangriffen stehengeblieben waren, ließen sich die aufgesprengten Türschlösser nicht mehr schließen; Wasserleitungen waren undicht geworden, Badeöfen geplatzt, die Türen aus den Angeln gerissen. In den Dörfern ringsum mußten Mühlengetriebe überholt werden, die Motoren waren zugestaubt und liefen nicht mehr. Vater baute Wasserleitungen von den Brunnen im Hof zu den Ställen. Die Bauern freuten sich und bezahlten mit Lebensmitteln. Sogar an Kühlanlagen machte sich Vater heran.
Beim Pferdemetzger lötete Vater mit dem Zinn von Großmutters uralten Zinnlöffeln die brüchig gewordenen Leitungen des Gefrierraumes, brachte zwei dicke, rote Fleischwürste als Lohn mit nach Hause.
Die Knaudel an der Autobahn erwies sich als eine wahre Fundgrube. Die Amis kippten dort Haushaltseinrichtungen und Gartengeräte aus den beschlagnahmten Häusern von den Lastwagen; sie luden Kasernen- und Fabrikinventare in unterschiedlichster Mischung aus. Jeden Morgen führte der erste Weg meines Vaters zu dieser Abfallhalde. Er fand Schraubenschlüssel, Ölkännchen, Metallsägeblätter, eine Feile und füllte seine Werkzeugtasche damit auf. Eines Tages brachte er eine Mühle von dort mit nach Hause. Die Mühle, das Gehäuse aus Gußeisen gegossen, war groß und schwer, hatte einen mächtigen Einfüllstutzen und eine wuchtige Kurbel. Mit dem Fuß konnte man sie an einer Tischplatte festschrauben.
Das große Materiallager an der Straße nach Enkenbach ist für die Bevölkerung freigegeben! Diese Nachricht verbreitete sich in Windeseile von Haus zu Haus in der Siedlung. Jeder-

mann dachte sofort daran, irgend etwas Brauchbares ergattern zu können. Auch Vater schwang sich gleich aufs Fahrrad und fuhr los. Er bestellte die übrige Familie mit dem Handwagen an das Lagertor. Der heiße Julitag bleibt mir unvergessen, weil es mein elfter Geburtstag war und ich ihn mit der ganzen Familie unbedingt feiern wollte. Wir zogen auf der aufgeweichten Teerstraße in Richtung Enkenbach. Gleich hinter der Reichholdsmühle standen hölzerne Wachtürme hinter einem hohen Drahtverhau, die mit Amerikanern besetzt waren. Die Soldaten schrien und tobten, als Mutter und ich vorübergingen. Wir beeilten uns vorbeizukommen.
Die Vorratsbaracken der ehemaligen Wehrmacht standen hinter Ginsterbüschen und Brombeerhecken unterhalb der Straßenböschung verborgen. Der Zaun war aufgeschnitten, Stacheldraht stand verbogen in die Höhe. Über dem Lager hing der Geruch von verbranntem Gummi, geschmolzenem Kabel und verglühtem Metall. Gasmasken, Zelte, Autoreifen und Schneebote lagerten in dem unübersichtlichen Waldgelände. In zerstörten Hallen stapelten sich zerlegbare Regale, und in Ölpapier verpackte Gewehrschlösser. Spaten, Schaufeln und Pickel saßen ungebraucht und ohne Stiel in Stößen. Vater wartete am Eingang und pfiff durch die Finger, damit wir auf ihn aufmerksam wurden. Er führte uns zu seiner zusammengetragenen Beute und erklärte: All diese Sachen kann ich als Werkstatteinrichtung gebrauchen. Da war ein Handkarren mit meterhohen Rädern, hölzernem Boden und vorn rechts und links je einem Holmen. Karren und Handwagen beluden wir mit Geräten, Eisenpfosten und Schrauben. Alles war von einer schmierigen Rußschicht überzogen.
Auf der Landstraße zogen und schoben wir immer einen Karren ein Stück des Wegs, stellten ihn ab, holten den zweiten nach, ließen den stehen, wiederholten dies so lange, bis wir zu Hause angekommen waren. Vater spannte sich wie ein Pferd in einen Einspänner vor den Karren. Er hatte sich aus gebrauchten Fahrradmänteln und einer Eisenkette ein Zuggeschirr zurechtgemacht, das, vorn am Wagen eingehakt, über Schultern und Rücken gelegt wurde. Auf diese Art konnte er sein Körpergewicht beim Ziehen besser einsetzen, und so zog er auch die schweren Holzfuhren aus dem Wald nach Hause.

Beim Arbeiten mit den erbeuteten eisernen Geräten stellte sich jedoch heraus, daß das Metall ausgeglüht und biegsam geworden war. Die Amerikaner hatten das Lager zuvor teilweise mit Benzin übergossen und angezündet, dabei waren die Eisenteile zwar übriggeblieben, durch die Hitze aber unbrauchbar geworden. Die Schinderei war umsonst gewesen.

Inzwischen konnte mein Vater die kleine Werkstatt eines verstorbenen Mechanikermeisters in einem Hinterhof der Innenstadt mieten. An der rußgeschwärzten Decke der von nur einem Fenster erhellten Bude hingen veraltete Transmissionen mit spröden ledernen Treibriemen. Die Bohrmaschine, der abgenutzte Schleifstein und die altmodische Drehbank wurden mit einem einzigen Elektromotor angetrieben. Ein Treibriemen lief vom Motor zur Transmissionswelle an der Decke, ein zweiter von der Übersetzung zur Maschine. Vorn an der Tür stand auf vier wackeligen Beinen ein Stehpult mit Klappdeckel.

Ehemalige NSDAP-Mitglieder, alte Herren mit grauen Haaren, dick und unbeweglich, die von der Besatzungsmacht entnazifiziert und aus ihren einträglichen Posten entfernt worden waren, kamen und wollten als Schlosser bei meinem Vater arbeiten. Viele junge Männer, die jahrelang als Unterseebootfahrer, Funker oder Kanoniere gedient und sonst keinen Beruf erlernt hatten, suchten eine Lehrstelle. Es fehlte nicht an Arbeit und nicht an Leuten, die Arbeit suchten, dafür aber an Material. Deswegen konnten nur Reparaturen ausgeführt werden, zu denen das Material gestellt und die möglichst mit Naturalien bezahlt wurden.

Die Eltern meines Vaters waren noch während des Krieges aus ihrer Werkswohnung ausgezogen und bewohnten jetzt als Verwalter den Bauernhof ihres geschäftstüchtigen Sohnes, bei dem Vater bis 1943 gearbeitet hatte. Mein Vater besuchte mit seinem Fahrrad seine Eltern; sie vermittelten zwischen den beiden Brüdern. Danach überließ der Geschäftsinhaber meinem Vater zwei gebrauchte Schraubstöcke und ein kleines Schweißgerät.

Vater baute sich eine Schmiede, eine offene Feuerstelle mit Esse, in der er das Eisen glühend machen konnte. Jetzt brauche ich nur noch einen Amboß, dann kann ich mit der Arbeit in der Werkstatt beginnen. Er trieb ihn bei einem alten Bauern in der Scheune auf.

Die ersten Schlosserlehrlinge lernten, aus Karbid und Wasser Azetylengas zum Schweißen herzustellen, beluden den Handkarren mit Sauerstoff und Gasflaschen und schoben ihn durch die Straßen der Stadt. Sie gruben verbeulte Treppengeländer und gekrümmte Gitterstäbe unter dem Schutt hervor und bogen sie wieder gerade. Verformte Eisenträger, die aus den Trümmern herausragten, richtete mein Vater zusammen mit seinen Lehrlingen zur Wiederverwendung her.

Vater machte sich an die Konstruktion von elektrisch angetriebenen Ölpressen und Getreidemühlen; die gefundene Mühle nahm er dabei als Modell. Er tüftelte, schliff und bohrte an Werkstücken, fertigte Mustermühlen an, verwarf sie wieder, entwickelte neue Ideen und verbesserte die Maschinen.

Die Werkstatt war zu dunkel und vor allem zu klein. Das Geld für einen Neubau fehlte. Deswegen berieten sich Mutter und Vater und beschlossen, Großmutter um ihre Ersparnisse zu bitten. Vater hatte vor, sich auf einem Trümmergrundstück eine Werkstatt zu errichten. Großmutter wollte nichts davon wissen. Weil er ein ›Sozi‹ war und immer noch nichts über die Arbeiterklasse kommen ließ, bekam er ihr Geld nicht. So blieb es bei dem gemieteten Raum. Großmutters sauer zusammengespartes Geld blieb bis zum Juni 1948 auf der Bank, die Währungsreform zog einen endgültigen Schlußstrich unter dieses Kapitel. Ein Glück, daß sie nicht mehr erleben mußte, wie ihr Vermögen zum zweiten Mal verlorenging.

18

Zunächst schenkten wir ihnen wenig Beachtung. Jeden Abend kamen sie aus der Kaserne herunter in die Siedlung, trugen Wäschesäcke unter dem Arm und hielten große Riegel Kernseife in der Hand. Meist waren es dunkelhäutige Algerier oder Tunesier, Angehörige der französischen Truppen, die vor den Hoftoren stehenblieben, zurückhaltenden Siedlerfrauen die Seife entgegenhielten und auf ihr Wäschebündel deuteten. Plötzlich standen wieder Bilder der Besatzungszeit nach dem Ersten Weltkrieg vor den Augen der Frauen; sie fürchteten sich und zögerten, auf das Angebot der Soldaten einzugehen. Aber die Schwimmseife, die es als Zuteilung auf Marken gab, war federleicht und im Nu verbraucht. Nur der verlockenden Seifenstücke wegen ließen sich die Frauen nach und nach auf Verhandlungen mit den fremden Männern ein. Sie verständigten sich in Zeichensprache miteinander, buchstabierten einzelne französische Wörter und einigten sich, daß die Frauen die Wäsche wuschen, die Soldaten reichlich Seife dafür lieferten.

Die Waschküche war der wichtigste Raum in unserem kleinen Haus; darin stand der aufgemauerte Waschkessel. Tagelang wurde gewaschen. Am Vorabend wurde die Wäsche eingeweicht, am andern Morgen jedes Stück aus der Brühe gezogen, der Kragen und die Bündchen gebürstet, in den Kessel geworfen, mit Buchenholz zum Kochen gebracht. Die Waschküche war voller Wasserdampf, es brodelte und quallerte im Kessel, Dunst stieg auf, Türe und Fenster wurden aufgerissen. Ich stand am Kessel und drückte mit dem dicken Waschknüppel die hervorquellenden Wäschestücke wieder in die Lauge zurück. Die Waschbrühe spritzte kochendheiß in die Höhe.

Mutter, die vorn am Tisch Arbeitskleidung einbürstete, sah ich nicht. Ich hörte die rauhe Wurzelbürste über den eingeseiften Stoff schrubben. Danach wurde die Kochwäsche Stück für Stück aus dem Kessel hinüber in die Zinkwanne gezogen, die auf einem Dreibein stand. Abgekühlt rubbelte man jeden Teil für sich über das Waschbrett. Die Wäschestücke wurden ausgedreht, in kaltes Wasser geworfen, gestampft, ausgespült und ausgewrungen. Über Nacht kamen sie noch einmal in den Kessel zum Aufziehen. Am nächsten Morgen ging die Prozedur weiter, die Wäsche wurde aus dem Kessel herausgenommen, in die Wanne mit kaltem Wasser geworfen, erneut gestampft, ausgedreht und auf die Leine im Hof gehängt. Großmutters schwere, leinene Bettücher konnte eine Frau allein nicht auswringen, man mußte zu zweit jeweils an den Enden anfassen und gegeneinander drehen.

Die schweren Zinkwannen wurden ausgeleert, das Wasser

schwappte über den Betonboden bis in die hinterste Ecke, floß wieder zurück in den gitterbedeckten Abfluß. Die Waschküchentür und die Fenster blieben tagelang offen, damit der Wasserdampf, der sich in Tropfen an den Leitungsrohren niedergeschlagen hatte, aus den Kellerräumen und der Waschküche abziehen konnte. Im Winter baumelten die nassen Wäschestücke tagelang schlaff auf dem Drahtseil im Keller; jeden Abend wurden einige Stücke heraufgeholt und auf dem vielarmigen Metallgestell über dem Herd zum Trocknen aufgehängt. Zum Bügeln erhitzte man die schweren Eisen auf dem Küchenherd, nahm sie mit einem einklemmbaren Holzgriff herunter und drückte sie auf die Wäschestücke.

Wo nehmen wir nur Zucker her, zerbrach sich Mutter den ganzen Sommer über den Kopf. Es war unwahrscheinlich, daß das versprochene Quantum zugeteilt oder gar erhöht werden würde. Karotten, Rhabarber und Erdbeeren waren vermischt und ohne Zucker zu einer Art Marmelade gekocht worden; Holundersaft mit Äpfeln schmeckte herb ohne Zukker und war als Brotaufstrich nicht sehr beliebt. Wir verhungern, wenn wir selbst nichts unternehmen!

Mutter ließ sich nicht länger hinhalten. In allen Kriegsrezepten wurde Sirup oder Rübenkraut als Zuckerersatz angegeben. Kaum waren die Zuckerrübenfelder auf dem Rotenberg abgeerntet, zogen Mutter und ich mit Hacken und Wagen auf die Äcker und suchten nach verschütteten, in Stücke gehackten und liegengelassenen Rüben im Boden, buddelten sie aus und sammelten sie in Säcke und Körbe.

Zu Hause legten wir sie in Wasser, schrubbten sie mit der Bürste, schabten Lehm und Sand aus den Ritzen, bohrten mit spitzen Küchenmessern Faulstellen aus, schnitten die Rüben in Stücke und kochten sie im Kessel weich. Erkaltet wurden sie durch Säcke gepreßt, daß der braune Saft, der den Zucker enthielt, herausquoll. Der dünnflüssige Sirup wurde erneut zum Kochen gebracht, das Wasser mußte bei hoher Temperatur verdunsten. Wenn der Kessel nur noch halb voll war, wurde der dunkelgewordene Sirup im Einwecktopf auf dem Küchenherd fertiggekocht, bis er, zähflüssig geworden, in Gläser abgefüllt werden konnte.

Und erst als die Mühlen ausprobiert wurden, die Vater erfun-

den hatte! Die Hammermühlen zerkleinerten Weizen, Korn, Gerste und Mais grob zu Schrot, ganz fein eingestellt zu Vollkornmehl. Die Bucheckern, die wir im Herbst in den Wäldern gesammelt hatten, wurden in kleinere Stücke zerschlagen, damit sie in der Ölpresse leichter zu verarbeiten waren. An dem neuen Eisentisch in der Waschküche waren auf einer Seite die Hammermühle, auf der anderen Seite die Ölpresse angeschraubt. Nächtelang mußten Probeläufe stattfinden, ehe die neuen Erfindungen fehlerfrei liefen. Vater setzte seinen ganzen Ehrgeiz daran, die Maschinen einwandfrei zum Laufen zu bringen. Diesmal standen nicht nur der Kampf um die Existenz und die Sorge um den Lebensunterhalt der Familie im Vordergrund, es war für meinen Vater eine Auseinandersetzung mit seiner Arbeit und mit sich selbst.
Alle Kellerfenster wurden abgedunkelt, dicke Bretter davor gestellt; die Verdunkelungsvorrichtungen kamen noch einmal zum Einsatz. Vater versuchte, den Lärm des Elektromotors nicht nach außen dringen zu lassen. Öl zu pressen und Getreide zu mahlen, waren streng verboten und wurden mit Gefängnis bestraft.
Endlich lief die neue Presse! In der Waschküche hämmerte, stöhnte und stampfte es in gleichmäßigem Rhythmus. Es roch nach heißgelaufenen Maschinen, überhitztem Metall, nach trockenen, warmen Ölkuchen, die beim Auspressen übrigblieben. Das unreine, mit vielen Fruchtanteilen angereicherte Öl stand tagelang ruhig in Schüsseln und Töpfen im Keller, bis die braunen Schalenreste auf den Boden der Gefäße abgesunken waren, das Öl goldgelb und durchsichtig wurde und in Glasflaschen abgefüllt werden konnte. Die ganze Familie war beim Ölpressen beteiligt. Vater stand an der Maschine, schüttete die Rapskörner, die Senfsaat oder die Bucheckern in den Einfüllstutzen der Presse, Mutter schob leere Schalen darunter, nahm die vollen Behälter weg, goß das Öl durch ein Sieb in größere Gefäße. Mein Bruder und ich sammelten den Abfall ein, hoben im Garten Löcher aus, kippten die Ölkuchen hinein und verscharrten sie.
Nachbarn, Verwandte und Bekannte, aber auch fremde Menschen kamen zu uns, lobten Vater für seinen Erfindergeist, bewunderten seine neuen Konstruktionen und brachten frischgesammelte und verlesene Bucheln zum Pressen mit.

Auch ein Herr der Kriminalpolizei kam mit seinem Säckchen Ölfrüchte zu uns und bat meinen Vater, Bucheln zu Öl zu pressen. Ahnungslos schrieb ich Namen und Titel auf und steckte das Papier an den Beutel. Als der Mann sein Öl abholen kam und den Zettel sah, vergaß er verwirrt den Gruß, so schnell war er zur Tür hinaus.
Ein Bild in meinem Innern: Vater kommt mit seinem Fahrrad den Sandweg entlang gefahren, auf dem Kopf die unvermeidliche, schwarze Mütze, am Leib seine graue Joppe, springt ab, schiebt das Rad an der Lenkstange zum Hoftor herein. Seine pralle Tasche mit den Werkzeugen hinten auf den Gepäckträger geklemmt, seine Augen gegen die Sonnenstrahlen zu Schlitzen zusammengekniffen, die Stirn in strenge Falten gelegt, die Haut über dem Nasenrücken zieht sich leicht zusammen.
Er hatte nicht auf die überlieferten, altbewährten Geräte zurückgegriffen, sondern eigenhändig eine neue Konstruktion, eine Ölpresse gebaut. Er und seine Erfindung waren wichtig, nicht nur für seine Familie. Er wurde ernst genommen und anerkannt, auf ihn kam es diesmal an. Ein Wunsch war ihm in Erfüllung gegangen, er war selbständig und frei. Er schaffte Dinge, um die ihn andere beneideten und bewunderten. Er brauchte diesmal nicht um Anerkennung und Lob zu buhlen. Er verschaffte seiner Familie in dieser schlechten Zeit Nahrung, er versorgte sie mit Brennholz, er tauschte seine Arbeit gegen Fleisch und Wurst ein und verließ sich nicht auf fremde Hilfe. Keine Bevormundung von Vorgesetzten, keine Benachteiligung, sondern Freiheit.
Er zog in Dorfkirchen zurückgegebene Glocken, die nicht zu Kanonenkugeln eingeschmolzen worden waren, auf ihren angestammten Platz in den Kirchturm hinauf, bestaunte die handwerkliche Kunst an den alten gegossenen Glocken und bedauerte jede vernichtete. Die Gemeinden sammelten Mehl und Eier für ihn und seine Leute. Für meinen Vater waren das seine besten, glücklichsten Jahre.
Trotzdem sprang der Jähzorn aus seinen Augen, wenn einer bei Tisch mehr verlangte, als ihm seinem Ermessen nach zustand. Er warf mir den Margarinewürfel an den Kopf, als ich um ein zusätzliches Stück Brot bat. Der Teller mit dem angeschnittenen Ring Hausmacher Leberwurst flog mir zur Tür

hin nach, als ich noch eine weitere Portion für mich verlangte.
Eine Mahlzeit lang Haß und Futterneid, bis die Essensreste vom Tisch geräumt, Teller und Bestecke ineinander und dann in den Spülstein gestellt wurden.
Ein Vater, wie er ihn selbst früher erlebt hatte, alle beherrschend. Seine Erziehungsmethoden, die sich in Wutausbrüche steigerten und nichts anderes als die von seinem Vater übernommenen Dressurakte waren, bestanden aus Kommandos:
Komm her!
Hör zu!
Was ich sage, wird gemacht!
Alles was ist, ist von mir!
Dies war ein typischer Ausspruch meines Vaters, bei dem sich jeder selbst den Sinn ausdenken mußte. Was er ausdrücken wollte, mußte man an seiner Mimik oder an seinem Verhalten ablesen. Gespräche oder längere Unterhaltungen fanden nicht statt.
Er schrie, wenn er zornig war.
Er pfiff oder sang, wenn er guter Laune war.
Er lachte selten.
Und wie schwierig war es, an Alkohol zu kommen! Ein-, zweimal im Jahr trennte Vater sich von einer seiner kostbaren Mühlen und tauschte sie an der Weinstraße gegen ein Fäßchen Wein ein. Er transportierte es von Neustadt auf den Puffern überfüllter Personenzüge, hielt das Faß und sich selbst mit einer Hand fest; wie ein Kind freute er sich über den Wein. Zu Hause füllte er ihn in Flaschen ab, goß sich ein Glas voll ein, setzte sich davor, hob ihn gegen das Licht, beschnupperte ihn, ließ ihn sich genüßlich über die Zunge laufen, lachte und erzählte mit dem Wein. Solange der Wein im Keller lag, war jeder Abend ein Fest für ihn. Danach ging es wieder monatelang ohne Alkohol weiter.
Mutter hielt es auch nicht zu Hause. Sie fuhr viel lieber mit dem Fahrrad über das Land und tauschte den Dickrübensamen, den mein Vater für einen Auftrag in Zahlung genommen hatte, bei den Bauern gegen Nahrungsmittel ein.
Auch Anna, Großmutters Schwester, gab ihr nichts, wenn sie keinen Gegenwert zum Eintauschen dabei hatte. Was bringst

du mir denn? fragte sie jedesmal meine Mutter, andere Leute haben immer etwas Schönes für mich dabei, wenn sie zu mir kommen und Lebensmittel haben wollen. Anna zeigte meiner Mutter die Handarbeitstischdecken, die Spitzen am Küchenbord, die handgestickten Überhandtücher, die Frauen aus der Stadt bei ihr gegen Mehl und Brot, Eier oder Butter eingetauscht hatten.

Zu Hause standen zwei Graskörbe voll zerrissener, zum Teil unbrauchbar gewordener Strümpfe. Meine Mutter versprach mir für jedes Paar, das ich stopfen würde, fünfzig Pfennige. Sie schwärmte immer wieder von den zwölf Jahren, die sie im Amt verbracht hatte, in denen sie sich an jedem Monatsende Schokolade und Naschwerk kaufen konnte.

Sie las die Fortsetzungsromane in der Zeitung und kniete sich dabei auf den Stuhl, stützte sich mit den Unterarmen auf den Küchentisch auf. Ich erwischte den ersten Bericht über die deutschen KZ's, und sie riß den Einband davon ab, weil er auf blaurotem Grund schwarze Totenschädel, mißhandelte Menschen, verhungerte, geschundene Leiber zeigte und dieses Bild nach ihrer Ansicht kein Anblick für Kinder war.

Zu der Nachbarin, die sich lautstark beklagte, daß mein Bruder so frech sei und ihr Söhnchen verprügelt habe, sagte meine Mutter: Ich habe meine Kinder erzogen, erziehen Sie Ihre. Sie hielt zu ihren Söhnen und nahm sie in Schutz; sie setzte sich bei Vater für sie ein, damit die Strafen nicht zu schlimm ausfielen.

Sie stimmte mit ihnen überein, wenn sie mich häßlich fanden und mich hänselten. Ich litt sehr darunter, wenn mich mein Bruder verprügelte, meine Mutter daneben stand und noch darüber lachen konnte. Ein Bub' wie eine Laus packt ein Mädel wie ein Haus.

Nach den Worten meiner Mutter war ich ein stabiles Kind. Außer Masern und Keuchhusten, den landläufigen Krankheiten, die ich mir im Kindergarten und in der Schule holte, war ich nie ernsthaft krank. Allein meine Haut war dünn und empfindlich, wie das bei blonden Menschen häufig vorkommt. Rauhe Winterluft genügte und mein Gesicht rötete sich, die Haut wurde rissig und platzte auf.

Ich hatte breite Schultern von meinem Vater geerbt, wirkte kräftig und robust. Dies trug dazu bei, daß mir Mutter frühzeitig Verantwortung auftrug. Du kannst ruhig mithelfen, mir einen Teil der Arbeit abnehmen. Ich sollte meine Brüder überlegt und umsichtig beschützen und betreuen, Streit zwischen uns vermeiden. Kannst du denn nicht nachgeben, du bist doch die Älteste! Mutter appellierte an meine Vernunft und erwartete Einsicht.

Sauber und ordentlich zu sein war eine Selbstverständlichkeit. Mädchen müssen eine saubere Schürze tragen und ein reines Taschentuch vorzeigen können. Mädchen dürfen kein schmutziges, verheultes Gesicht haben, sondern müssen lächeln. Sie haben darauf zu achten, daß der Rock beim Sitzen das Knie bedeckt. Still zu sein, wenn sich Erwachsene miteinander unterhalten, war oberstes Gebot. Den Sitzplatz im Omnibus oder der Eisenbahn älteren Leuten anzubieten, wurde mir so eingetrichtert, daß ich heute noch so reagiere: Vor einem grauen Haupte sollst du aufstehen und die Alten ehren.

Der Krieg und seine Folgen lehrten mich, erwachsen zu sein, bevor ich erwachsen geworden war. Meine Lust am Spielen wurde unterdrückt; ich hatte geduldig zu sein und mich den Umständen anzupassen. Herumtoben, Versteck- und Fangenspielen wurde auf wenige Tage, auf Stunden beschränkt. Die Gefühle, sich zu freuen, übermütig die Zügel schießen zu lassen, lebendig zu sein, mußte ich mir abgewöhnen. Wir wurden zu alten, erschrockenen Kindern, die nur die verschiedenen Möglichkeiten des Überlebens einübten.

Eine junge Frau, die in der Stadt ausgebombt und bei der Nachbarin untergekommen war, stand mit einem roten Samtbarret auf den frischen Dauerwellen am Gartentor. Sie kam von einem Besuch bei der Kartenlegerin zurück und glaubte, dort etwas über das Schicksal ihres in Rußland verschollenen Mannes erfahren zu haben. Nun erzählte sie zuversichtlich von der Kunst der Hellseherin, die aus den Karten die bevorstehende Heimkehr des Vermißten gelesen habe. Wir hörten ihr lächelnd zu. Plötzlich brach die Frau in Tränen aus und schrie: Ihr könnt mich überhaupt nicht verstehen! Der Krieg ist spurlos an euch vorbeigegangen. Euer Vater ist wieder zurückgekommen, euer Haus steht noch. Was habt ihr denn für Opfer gebracht? Ich bekam ein

schlechtes Gewissen, daß meine Familie ohne einen Angehörigen verloren zu haben den Krieg überstanden und ein Dach über dem Kopf hatte.
Die Unterschiede, die in der Schule gemacht wurden, wühlten mich auf. Ich verglich die Möglichkeit der Leute, die sich als etwas Besseres betrachteten und ihre Töchter gleich nach dem Krieg in karierte Faltenröcke im Stil des ›New Look‹ kleiden konnten, mit denen meiner Familie, was mein Vater und meine Mutter arbeiten mußten, wie wir uns durchbrachten. Ich sah genau hin und begann, mir darüber klarzuwerden, daß es keinen gemeinsamen Punkt gegeben hatte, bei dem alle Menschen in Deutschland neu anfingen.
Meine Ohren wurden empfindsam gegenüber dem, was man mir als Ordnung einzureden versuchte. Und als man mir weismachen wollte, Mädchen haben es besser als Jungen, zweifelte ich und erhob Einspruch. Aus all dem entwickelte sich, was man mir als meinen schlimmsten Fehler immer wieder ankreidete: Ich wagte zu kritisieren.

19

Der Sommer 1947 begann schon im Frühjahr, es war heiß, zu heiß; schon im März lag ich auf den ausgetrockneten Wiesen, ließ mich den Hang hinunterkollern, bis mir schwindlig wurde und sich alles um mich herum drehte. Wie betäubt blieb ich liegen und wartete, bis mein Kopf wieder klar wurde.
Jeden Tag machte ich mich auf den weiten Weg zur Waschmühle, eine Stunde durch den Wald zu Fuß hin, eine Stunde wieder zurück. In dem Bad wusselte es von Kindern. Ein Teil der Becken, das Damenbad, war für Besatzungsangehörige abgetrennt. Ich wollte schwimmen lernen. Allein. Ich legte mich im Wasser auf den Bauch, hakte meine Füße in das Zaungerüst am Anfang des Schwimmbeckens und übte zunächst die Armbewegungen. Mein Kopf tauchte ab und zu unter. Ich schluckte das Chlorwasser und ekelte mich entsetzlich, weil es von den vielen Menschen benutzt wurde. Aber ich machte weiter. Ich hielt mich mit den Händen an den Latten des Zaunes fest und probierte den Beinschlag. Tage-

lang hing ich am Holzzaun, übte für mich allein und ließ mich durch nichts und niemanden ablenken.
Die ersten Schwimmstöße probierte ich in einem Winkel des Beckens. Ich stieß mich mit den Füßen am Zaun ab, ließ die Arme kräftig durch das Wasser nach vorn gleiten, holte weit nach der Seite hin aus, zog die beiden Arme vorn über der Brust zusammen und landete an der schräg gegenüberliegenden Abgrenzung. Jetzt mußte ich nur noch die Armbewegungen und den Beinschlag übereinstimmend und gleichmäßig ausführen. Es dauerte Wochen. Ich schluckte noch viel Wasser. Dann schwamm ich nahe dem Zaun das ganze Becken entlang.
Aber nicht, daß du mir ohne Gras für die Ziege und die Hasen nach Hause kommst! Jeden Tag das gleiche Kommando meiner Mutter. Die Wiesen lagen kurzgeschoren und verdörrt, seit Monaten hatte es nicht mehr geregnet. Nur unten am Ufer des Baches standen grüne Binsen, aber die fraß die Ziege nicht. Ich mußte an Eichen und Akazien junge Triebe abschneiden, um den Sack mit grünen Blättern zu füllen. An vielen Bäumen auf meinem Weg zur Waschmühle hatte ich bald die tief herunterhängenden, leicht erreichbaren Äste gekappt.
Wenn du nichts findest, brauchst du gar nicht erst heim zu kommen. Ich war nicht mehr ein Kind unter Kindern, sondern längst zu einem notwendigen Helfer in der Familie geworden.
In diesem Sommer mußten wir mit dem Wasser sparsam umgehen, es wurde rationiert wie alles andere auch. Gartengießen wurde streng verboten, das städtische Wasserreservoir war leer, und abends liefen Polizisten durch die Straßen der Siedlung und achteten darauf, daß das Verbot auch eingehalten wurde.
Großmutter lebte nur noch von gebrannter Mehlsuppe. Ab und zu schnitt sie sich einen Apfel oder eine Birne hinein und kochte sie weich. Sie hatte keine Zähne mehr, und vor ihrem künstlichem Gebiß ekelte sie sich. Sie las aus dem großen Märchenbuch, das wir von einer Zigarettenfabrik gegen eingesandte Gutscheine erhalten hatten, meinem jüngsten Bruder Märchen vor: Der große Klaus und der kleine Klaus; Die drei Federn; Rapunzel, Rapunzel, laß mir dein Haar herunter.
Im Haus und in der Küche konnte sie nicht mehr helfen. Außerdem war Vater ständig zu Hause, da blieb sie lieber für sich

in ihrer Dachwohnung. Sie zog noch die Fäden von den Bohnen, plickte sie, wenn sie getrocknet waren, aus den Schoten, zupfte frisch gesammelte Kamillen von den Stengeln und saß am Fenster, beobachtete, wenn Nachbarn mit dem Handwagen aufbrachen und alarmierte uns, ihnen zu folgen.
Sie hatte noch die alten Rezepte zum Seifenkochen im Kopf, Mutter sollte Wasserglas und Seifenstein in der Drogerie besorgen und zusammen mit ranzigem Ziegenfett Seife kochen.
Sie wußte auswendig, wie man Schuhwichse aus Terpentinersatz und Kerzenwachs herstellen konnte. Sie schälte Kartoffeln hauchdünn, damit der Abfall gering blieb und gab Ratschläge, wie man Gerste zu Malzkaffee brannte. Im Winter legte sie uns heiße Ziegelsteine ins klamme Bett in der ungeheizten Stube. Aber sie verließ nicht mehr das Haus.
Zur ersten demokratischen Wahl nach dem Krieg, im Herbst 1946, holte sie ein Parteimitglied mit dem Auto ab, brachte sie zum Wahllokal in die Luitpoldschule und wieder nach Hause.
Sie ging immer gebückter, ihre Röcke schleiften vorn auf dem Boden, der Kopf war geneigt; das Gesicht noch mehr der Erde zugewandt, wirkte sie kleiner. Sie fror auch an heißen Tagen, mitten im Sommer. Sie wurde stiller, in sich gekehrter und konnte den Lärm von uns Kindern in ihrer Wohnung nicht mehr ertragen, rief ihrer Tochter, daß sie ihre Jungen holen solle.
Die Rente, die ich ihr monatlich vom Postamt abholen mußte, betrug 36,50 Reichsmark. Fünfzig Pfennige davon bekam ich fürs Holen. Der Rest reichte ihr den Monat über zum Leben. Sie machte sich Sorgen um meine Konfirmation, die kurz bevorstand, um das Festessen, das sie gerne noch einmal gekocht hätte. Sie stellte Speisepläne zusammen und plauderte über wohlschmeckende Gerichte, dabei lebten wir nur noch vom Ersatz: Ersatz-Kaffee, Ersatz-Butter, Ei-Austausch, und vom Aroma, das in großen Flaschen zu haben war.
Anfang März 1948 erkrankte Großmutter an Grippe. Sie lag im Bett, konnte nicht mehr aufstehen. Meine Mutter bestellte Diakonissenschwestern, die zweimal am Tag kamen, Großmutter wuschen und betteten. In ihren Fiebergesprächen

phantasierte sie immer wieder vom Konfirmationsessen. Wir hatten keine Kartoffeln mehr im Keller, alle Vorräte waren während des langen Winters aufgebraucht worden, auch das Mehl reichte nur noch für wenige Tage.

Am 16. März starb Großmutter. Sie lag morgens, als Mutter in der Frühe nach ihr sehen wollte, vor ihrem Bett auf dem Fußboden. Der Arzt stellte einen Gehirnschlag fest. Drei Tage später wurde sie begraben. Der Pfarrer, der mich wenige Tage danach konfirmieren sollte, hielt die Trauerpredigt. Ich trug mein Konfirmandenkleid zum ersten Mal.

Am Sonntag rief mich der Pfarrer in der Kirche bei der Konfirmandenprüfung auf und fragte mich nach dem 13. Kapitel im ersten Brief des Apostels Paulus an die Korinther, und ich antwortete: ›Als ich ein Kind war, redete ich wie ein Kind und war klug wie ein Kind und hatte kindische Anschläge; da ich aber ein Mann ward, tat ich ab, was kindisch war.‹